Eine Bildreise

Uwe Schnall / Ellert & Richter Verlag

Leuchttürme an deutschen Küsten

Uwe Schnall, geb. 1941 in Bielefeld. Nach dem Studium der Skandinavistik, Germanistik und Philosophie in Hamburg, Oslo und Göttingen erfolgte die Promotion; Forschungstätigkeit für die Akademie der Wissenschaften und die Universität in Göttingen. Seit 1974 am Deutschen Schiffahrtsmuseum in Bremerhaven, heute ist er Leiter der Abteilung Navigation und der wissenschaftlichen Redaktion sowie Herausgeber der Schriftenreihe des Deutschen Schiffahrtsmuseums und des Deutschen Schiffahrtsarchivs. Von ihm erschienen zahlreiche Aufsätze und Bücher zur Navigations- und Walfanggeschichte, zum Schiffbau im Mittelalter und zu Schriftquellen der allgemeinen Schiffahrtsgeschichte.

Literatur:
Die Literatur über Leuchttürme ist inzwischen außerordentlich umfangreich, vom Bildband über wissenschaftliche Gesamtdarstellungen und Aufsätze bis zu Einzelheften. Im folgenden werden lediglich Hinweise auf einige übergreifende Titel gegeben. Die einzelnen deutschen Leuchtfeuer werden technisch und nach ihrer Zweckbestimmung in den amtlichen Leuchtfeuerverzeichnissen dargestellt, die vom Bundesamt für Seeverkehr und Hydrographie in Hamburg herausgegeben werden.

Delfs, Erik: Feuer an deutschen Küsten. Ein Reiseführer zu den Leuchttürmen an Nord- und Ostsee. Hamburg 1993
Hague, Douglas B., and Rosemary Christie: Lighthouses. Their Architecture, History and Archaeology. Llandysul/Dyfed 1975
Lang, Arend W.: Entwicklung, Aufbau und Verwaltung des Seezeichenwesens an der deutschen Nordseeküste bis zur Mitte des 19. Jahrhunderts. Bonn 1965
Leuchtturm Roter Sand 1885 – 1985. Worpswede 1985
Luttermann, Hans-Joachim: Blüsen, Baken, Feuertürme. Rostock 1986
Müller, Heinz-Olaf, und Wolfgang Dittmar: Leuchttürme. Hamburg 1986
Naish, John: Seamarks. Their History and Development. London 1985
Parker, Tony: Lighthouse. London, New York 1986
Sutton-Jones, Kenneth: Pharos. The Lighthouse Yesterday, Today and Tomorrow. Salisbury 1985
Wiese, Eigel: Leuchttürme der deutschen Nord- und Ostseeküste. Von Borkum bis Usedom. Hamburg 1991
Zemke, Friedrich-Karl: Deutsche Leuchttürme einst und jetzt. 2. Aufl. Herford 1991
Zemke, Friedrich-Karl: Leuchttürme der Welt. Bände 1 – 3. Herford 1992 – 1993

Titelabbildung:
der Leuchtturm Westerheversand

Bildnachweis:
Abbildungen im Textteil:
Archiv Deutsches Schiffahrtsmuseum, Bremerhaven: S. 6, 10, 11 (A. Lang), 14, 14/15 (A. Lang), 18, 19 links u. rechts, 24, 26, 27, 64/65, 79 links u. rechts, 92 (A. Lang), 93 links u. rechts, 95 links und rechts
Entnommen aus dem Buch „Die Leuchttürme der Welt, Band 1", erschienen in Koehlers Verlagsgesellschaft mbH, Herford: S. 7, 51 Mitte u. rechts
Entnommen aus dem Buch „Lighthouses" von D. B. Hague/R. Christie, Gomer Press, Llandysul: S. 8 links u. rechts, 9 links u. rechts
Entnommen aus dem Buch „Borkums großer Leuchtturm" von Gregor Ulsamer, Selbstverlag, Emden 1979: S. 15
Entnommen aus dem Buch „Geschichte des Seezeichenwesens" von A. Lang, 1965: S. 51 links
Gottfried Hilgerdenaar, Bremerhaven: S. 94 links u. rechts
Rolf Meinecke, Hamburg: S. 50

Farbfotos:
Josef Bieker, Dortmund: S. 30/31, 32/33, 62/63
Bilderberg, Hamburg: S. 38/39 (Bossemeyer), 88/89 (Bossemeyer)
Das Fotoarchiv Christoph & Mayer, Essen: S. 36/37 (Mayer), 46/47 (Eisermann)
HB Verlag, Hamburg: S. 48/49
Hans Jessel, Keitum/Sylt: S. 60/61
Bernd Kohlhas, Düsseldorf: S. 66/67, 76/77
Mikado, Lübeck: S. 12/13
Heinz-Olaf Müller, Greifswald: S. 16/17, 20/21, 40/41, 54/55, 74/75
Michael Pasdzior, Hamburg: S. 42/43
Klaus Dieter Rabe, Hamburg: S. 28/29, 34/35, 52/53, 56/57, 58/59, 70/71, 80/81, 82/83, 84/85
Karl R. Spitzer, Solingen: S. 22/23, 90/91
Reinhard Suckow, Vitte: S. 86/87
Heinz Teufel, Eckernförde: S. 68/69, 72/73

Die Deutsche Bibliothek – CIP-Einheitsaufnahme

Leuchttürme an deutschen Küsten / Uwe Schnall. – Hamburg:
Ellert und Richter, 1994
(Eine Bildreise)
ISBN 3-89234-521-X
NE: Schnall, Uwe

Text und Bildlegenden: Uwe Schnall, Bremerhaven
Gestaltung: nach Entwürfen von Hartmut Brückner, Bremen
Lektorat: Iris Klein, Hamburg
Lithographie: Offset-Repro im Centrum, Hamburg
Satz: C. H. Wäser KG, Bad Segeberg
Druck: C. H. Wäser KG, Bad Segeberg
Bindung: S. R. Büge, Celle

Inhalt

Sie prägen das Bild der Küstenlinie, vom Land und von der See aus: Leuchttürme bringen Maritimes auf das Festland, Landgebundenes in die See. Sie bekrönen steile Klippen und unterbrechen als hoch aufragende Vertikalen flache Deichlinien. Mit ihrem unendlichen Formenreichtum – Gittermasten, Beton- und Stahlpfähle, Eisenröhren und kirchturmartige Backsteingebäude – sind die grauen, schwarzen, weißen, gelben, braunen, schwarz-weißen, rot-weißen und roten Türme entlang den navigatorisch schwierigen deutschen Küsten aufgereiht. Ihre Architektur zeigt scheinbar Mittelalterliches neben funktional Modernem, barock Verspieltes neben klassizistisch Strengem. Doch der Eindruck täuscht: Die überwiegende Zahl der heutigen Leuchttürme an den deutschen Küsten stammt aus dem 19. und 20. Jahrhundert.

„Ein Leuchtturm ist ein hohes Gebäude, an dessen Spitze Lichter aufgehängt werden, um Schiffen den Weg zu weisen", formulierte kurz und knapp Samuel Johnson im 18. Jahrhundert und beschrieb damit das, was wir uns auch heute noch unter einem Leuchtturm vorstellen, wenn auch die Befeuerung moderner geworden ist. Dabei ist die Geschichte des Leuchtfeuerwesens sehr viel älter, und im Laufe der Zeiten sind ganz unterschiedliche Formen von befeuerten Seezeichen entwickelt worden. Im nördlichen Europa, also auch an den deutschen Küsten, geht die Einrichtung von Leuchtfeuern bis ins hohe Mittelalter zurück. Südeuropa, vor allem der Mittelmeerbereich, kannte solche Zeichen schon in der Antike.

Zu den Sieben Weltwundern der Antike zählten gleich zwei Leuchtfeuerbauten, der Pharos von Alexandria und der Koloß von Rhodos. Diese bronzene Riesenstatue aus dem 3. Jahrhundert v. Chr. – eigentlich ein Siegesdenkmal – stellte sich der Barock-Architekt Johann Bernhard Fischer von Erlach 1721 als mit gespreizten Beinen über der Hafeneinfahrt stehend vor.

Hier ist die Heimat des Leuchtfeuerwesens. Möglicherweise kannte schon Homer Feuer als Zeichen für Seefahrer. „Unaufhörlich fuhren wir so bei Sonnen- und Mondschein, bis wir am zehenten Tag das Land unserer Väter gesichtet, und wir lugten hinüber und konnten die Feuer erkennen." So berichtet Odysseus von seiner Fahrt von Aiolos heim nach Ithaka, für die dieser alle konträren Winde in einen Sack verschlossen hatte. Die neugierigen Schiffsgefährten jedoch öffneten den Sack, setzten alle Winde frei, so daß nun das Schiff vom Sturm nach Aiolos zurückgetrieben wurde.

Unzweifelhaft aber sind die etwa ein halbes Jahrtausend später entstandenen Berichte über zwei Leuchtfeuerbauten, die zu ihrer Zeit zu den Sieben Weltwundern gezählt wurden: der Koloß von Rhodos und der Pharos von Alexandria. Der Koloß von Rhodos, eine über 30 Meter hohe Statue des Sonnengottes Helios, stand mit gespreizten Beinen über der Hafeneinfahrt. In der erhobenen Rechten soll er ein Feuer gehalten haben. Nur zwei Menschenalter nach seiner Errichtung stürzte dieses Wunderwerk bei einem Erdbeben im Jahr 227 v. Chr. ins Meer.

Eine sehr viel längere Geschichte hatte der Pharos von Alexandria, der erste wirkliche Feuerturm, von dem wir Nachricht haben. Zwischen 283 und 277 v. Chr. erbaute Sostratos von Knidos auf der dem Hafen von Alexandria vorgelagerten kleinen Insel Pharos einen Turm von gigantischen Dimensionen: 110 Meter im Quadrat maß der sieben Meter hohe, säulengeschmückte Unterbau, auf dem sich ein quadratischer Turm von 30 Metern Seitenlänge und 72 Metern Höhe erhob. Auf diesem Turm war ein weiterer achteckiger errichtet, der etwa 17 Meter Durchmesser hatte und 35 Meter hoch war. Nun folgte als letzte Stufe ein weiterer Turm von neun Metern Durchmesser und 26 Metern Höhe, auf dem sich schließlich das

Feuer befand. Das insgesamt also etwa 140 Meter hoch aufragende Gebäude war mit einer Vielzahl großer Plastiken geschmückt, und da man kürzlich bei archäologischen Untersuchungen bis zu sieben Meter große Statuen gefunden hat, mögen die Maßangaben im großen und ganzen richtig sein, obwohl sonst bei Zahlen bekanntlich der Hang zur Übertreibung groß ist.
Strabon, ein weitgereister Gelehrter, der in der Zeit um Christi Geburt lebte, hat sich über dieses markante Bauwerk in seiner „Geographie“ mit Bewunderung geäußert: „Es ist aber auch das Vorgebirge selbst der Insel (Pharos) ein meerumspülter Fels, der einen kunstreich erbauten Turm aus weißem Stein mit vielen Stockwerken trägt, er heißt ebenso wie die Insel. Diesen entwickelte Sostratos aus Knidos, ein Freund der Könige, um der Wohlfahrt der Schiffenden willen, wie die Inschrift sagt. Denn da auf beiden Seiten (der Hafeneinfahrt) die Küste hafenlos und niedrig ist, auch Klippen und Untiefen hat, so bedurfte es eines hohen und glänzenden Zeichens für die vom hohen Meere Heranschiffenden, daß sie den Eingang in den Hafen erlangen konnten.“
Fast anderthalb Jahrtausende hat der Pharos von Alexandria so der Schifffahrt gedient, allerdings ab dem vierten nachchristlichen Jahrhundert wohl nicht mehr befeuert und nach einem Erdbeben im 10. Jahrhundert in seiner Höhe erheblich reduziert. Erst 1326 stürzten die Reste bei einem erneuten Erdbeben endgültig zusammen. Dieses Wunderwerk hat sich nicht nur der Nachwelt so stark eingeprägt, daß der Name Pharos in den romanischen Sprachen zur Bezeichnung für den Leuchtturm schlechthin wurde, sondern es hat in der Antike auch zu vielen Nachahmungen angeregt, wenn auch stets einige Nummern kleiner.

Der Pharos war sicherlich in die Befestigungsanlagen des Hafens von Alexandria einbezogen; das erklärt die riesigen Abmessungen der Untergeschosse. Der Grund für die außerordentliche Höhe des Turms – neben der Cheops-Pyramide (137 Meter hoch) war er das höchste bis dahin errichtete Bauwerk! – ist schon von Strabon genau benannt worden: Die Küste im Nildelta ist so flach, daß sie von See aus kaum zu sehen ist. Der Turm ist also Ansteuerungshilfe, um das kanalartige Fahrwasser zu finden, und wegen seiner Höhe konnte er bei guten Bedingungen bereits aus 60 Seemeilen Entfernung ausgemacht werden!
Der Pharos von Alexandria steht zwar für den Beginn der Geschichte der befeuerten Seezeichen, nicht jedoch für den historischen Anfang der Seezeichen überhaupt. Zunächst sind Seezeichen als Tagessichtzeichen errichtet worden, da Seeschiffahrt in erster Linie Küstenschiffahrt war und man über Nacht möglichst an Land ankerte. Diese Entwicklung vom Tagessichtzeichen zum Nachtsichtzeichen wiederholt sich im hohen Mittelalter in Nordeuropa und ist hier wegen der besseren Quellenlage deutlicher zu erkennen. Im Unterschied zu unseren Breiten wurde aber im Mittelmeer schon in der Antike Tag und Nacht gesegelt bzw. gerudert, so daß Zeichen, die auch bei Dunkelheit ausgemacht werden können, für die Sicherheit der Schiffahrt von großer Bedeutung waren. Von Sturm und Unwettertagen abgesehen, droht den Schiffen auf hoher See viel weniger Gefahr als bei der Annäherung an eine Küste, zumal wenn die Wassertiefe so gering ist wie häufig in den Flußmündungsbereichen. Noch im 19. Jahrhundert gingen von den Großseglern die meisten nicht auf dem Ozean verloren, sondern durch Strandungen. Um so wichtiger war und ist für die Schiffahrt an der Küste eine gute Markierung.
Nach dem Vorbild Alexandrias wurden also weitere Leuchttürme errichtet, noch in byzantinischer Zeit z. B. bei Antiochia, das die wichtige Handelsroute von Byzanz nach Syrien, Mesopotamien und Ägypten beherrschte, und im Bosporus, zur Sicherung der Schiffahrt von Byzanz. Als die Römer ihr Weltreich aufbauten, welches das Mittelmeer umgab, waren auch sie auf eine reibungslos funktionierende Schiffahrt zur Bewältigung des Warentransports und der Truppenbewegungen angewiesen. Sie übernahmen das griechische Vorbild und bauten das Netz von Leuchttürmen an Hafeneinfahrten und besonders gefährlichen Punkten erheblich aus. Sehr gut dokumentiert – durch bildliche Darstellungen auf Münzen, Reliefs und Mosaiken – ist der Leuchtturm von Ostia, dem Seehafen von Rom. Auch er war ein mehrstöckiges, säulengeschmücktes Bauwerk, das die Mole des künstlich angelegten Hafenbeckens zierte. Ähnlich werden wir uns auch die vielen

Die Römer vermehrten die Zahl der Leuchttürme im Mittelmeerraum beträchtlich. Die Zufahrten aller bedeutenden Häfen wurden nun befeuert. Darstellungen dieser technischen Bauwerke finden sich auf vielen Münzen, Medaillen und Mosaiken.

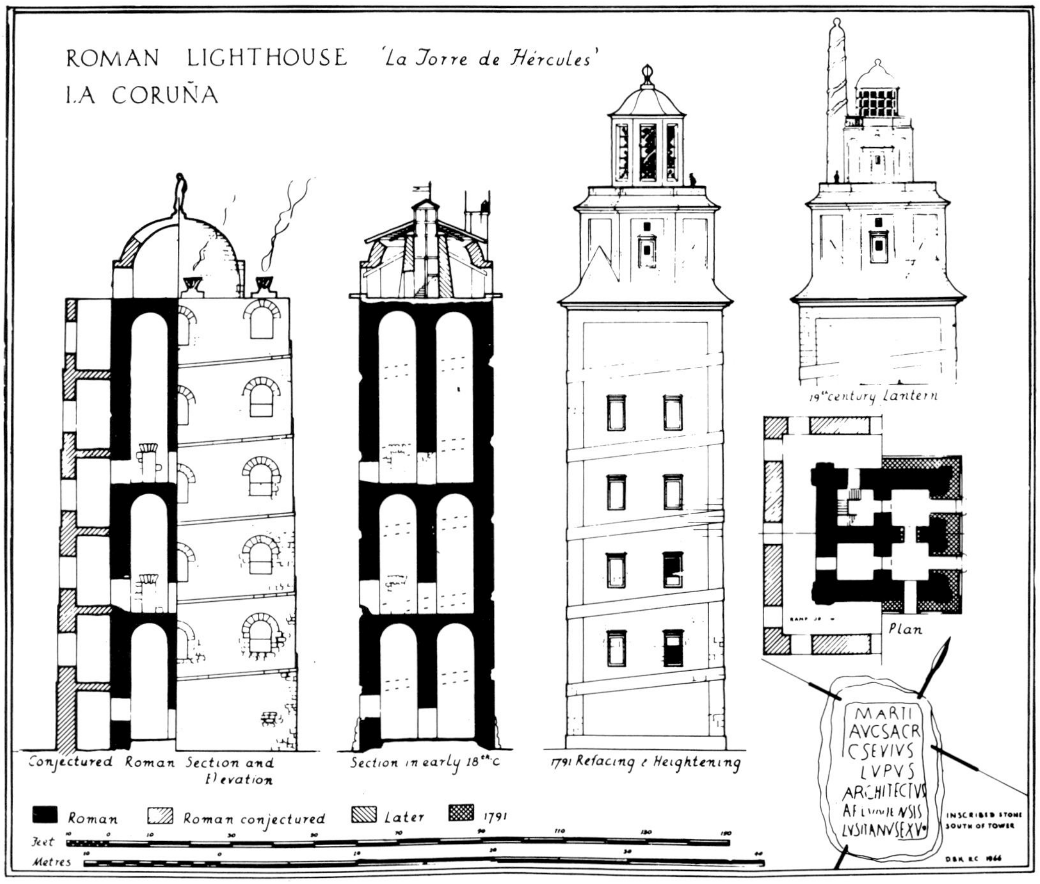

anderen römischen Leuchttürme vorzustellen haben. Praktisch jeder größere römische Hafen hatte ein solches Leuchtfeuer als Hafenzeichen und Ansteuerungsmarke.

Wie viele Leuchttürme es im Altertum wirklich gegeben hat, muß eine Vermutung bleiben. Einige Schätzungen reichen bis zu einer Zahl von 350 Leuchttürmen, doch wirklich nachweisen kann man lediglich 27; weitere 14 Türme sind zumindest wahrscheinlich.

Dadurch, daß Rom seine Eroberungszüge und Seeaktivitäten auch nach Westeuropa bis zu den Britischen Inseln ausdehnte, wurden nun erstmals auch in diesen Gebieten befeuerte Seezeichen errichtet, bei Julio Briga (La Coruña) am nordwestlichen Zipfel der iberischen Halbinsel, bei Gesoriacum (Boulogne) und Portus Dubris (Dover) an den Kanalküsten. Der Turm von La Coruña dient sogar heute noch als Leuchtturm und ist somit das älteste Leuchtfeuer, das noch in Betrieb ist. Wenn das Gebäude auch mehrfach umgebaut und restauriert wurde, kann man an ihm doch einen guten Eindruck von der Bauart römischer Leuchttürme gewinnen. Auch Reste des römischen Leuchtturms von Dover sind erhalten, eines mächtigen, viergeschossigen Bauwerks, das heute innerhalb der Mauern der Burg von Dover steht, auf dem 40 Meter hohen Felsen.

Nach dem Zusammenbruch des römischen Reiches in den Wirren der Völkerwanderungszeit scheinen die meisten der antiken Leuchtfeuer außer Betrieb gekommen zu sein. Es gab keine der römischen entsprechende weiträumige Schiffahrt mehr, und alle notwendigen administrativen Strukturen waren zerbrochen. Erst Karl der Große (724 – 814) hat um 800 n. Chr. den Versuch unternommen, wenigstens das Feuer von Boulogne wieder zu entzünden, den berühmten Tour d'Ordre. Der Überlieferung nach soll Karls Sohn Ludwig der Fromme (778 – 840) auf der Insel Cordouan in der Gironde-Mündung einen Leuchtturm errichtet haben, um die Navigation in dieser schwierigen, aber für den Weinhandel sehr wichtigen Flußmündung sicherer zu machen. Belegen läßt sich das allerdings nicht. Doch solche eher zaghaften Versuche hatten keinen Bestand. Es fehlten offenbar nicht nur die wirtschaftlichen und die administrativen Möglichkeiten, sondern es gab auch keine hinreichend bedeutende Schiffahrt, die derart teure Maßnahmen – neben den Baukosten mußte auch Geld für das Personal und die Brennstoffe aufgebracht werden – hätte rechtfertigen können.

Ein römischer Leuchtturm hat – natürlich mit mancherlei baulicher Veränderung – die Zeiten funktionstüchtig überdauert und ist heute das älteste aktive Leuchtfeuer der Welt: der „Herkules-Turm" von La Coruña, dem antiken Julio Briga, an der Nordwestecke Spaniens. In den Schnittzeichnungen des Turmes werden die heute noch vorhandenen römischen Bauteile deutlich sichtbar. Ursprünglich führte eine verkleidete Rampe außen um den Turmkern herum, die später, als das Bauwerk auch Verteidigungszwecken diente, durch eine Treppe im Innern ersetzt wurde.

Erst ab dem 12. Jahrhundert begann im Mittelmeerraum und kurze Zeit später in West- und Nordeuropa – und zwar überwiegend unabhängig voneinander – eine Renaissance des Leuchtfeuerwesens. Die italienischen Seestädte erlebten durch die Kreuzzüge und den ausgedehnten Handel eine wirtschaftliche Blüte mit einem bedeutenden Aufschwung ihrer Seeschiffahrt, zu deren Sicherheit römische Feuer wiederentzündet oder, wie z. B. in Genua (um 1130), Pisa (Insel Meloria, 1157), Livorno (1304) und Venedig (vor 1000, 1312, 1350), neue Türme erbaut wurden.
In West- und Nordeuropa war allein der wirtschaftliche Aufschwung, zu dem im Nord- und Ostseeraum ab dem 13. Jahrhundert vor allem die Hanse beitrug, Grund dafür, Leuchtfeuer zu entzünden. Die Entwicklung begann auf den Britischen Inseln und an der flandrisch-niederländischen Kanalküste, wobei in Irland und England vor allem die Kirche zur Verbreitung dieses modernen Seezeichens beitrug. Ältestes Leuchtfeuer ist das an der Südostküste Irlands gelegene von Hook Point, Grafschaft Waterford, das heute noch in Betrieb ist. Um 1170 eingerichtet, wurde es von den Augustinern unterhalten, die auch das Recht besaßen, eine Abgabe für die Pflege des Leuchtfeuers zu erheben. Andere Leuchtfeuer folgten bald, häufig wurden diese in kleinen Kapellen von Eremiten unterhalten. Besonders interessant ist die Gründungsgeschichte des Leuchtfeuers von St. Catherine's, Isle of Wight: 1314 hatte ein Walter de Godeton von einem gestrandeten Schiff verbotenerweise die aus Wein bestehende Ladung gekauft – ohne Wissen des Besitzers. Unter Androhung der Ex-

kommunizierung wurde ihm als Buße auferlegt, an der Stelle der Strandung einen Leuchtturm und eine kleine Kapelle zu errichten. Der Leuchtturm steht heute noch. Doch auch weltliche Autoritäten waren nicht untätig. Schon für das Jahr 1201 wird ein Leuchtturmwärter (phararius) für den Turm zu Dover erwähnt, und um die Mitte desselben Jahrhunderts folgen die Neubauten der Türme von Yarmouth, Rye und Calais.
An der flämischen Kanalküste scheinen die beiden 1284 erwähnten „vierboeters" von Nieuwpoort an der Yser und das Feuer von Brielle an der Maas die ältesten Leuchtfeuerbauten zu sein, denen bis 1366 Dünkirchen, Ostende und Blankenberge folgten. Um 1550 dürften die flandrisch-niederländischen Küsten und Inseln mit ungefähr 15 Leuchtfeuern gesichert gewesen sein. Von hier aus wurde der Brauch, an besonders wichtigen Punkten errichtete Seezeichen zu befeuern, in den hansischen Schiffahrtsbereich übernommen, traf dort aber auf eine andere, aus Skandinavien stammende Tradition.
Schon bei den antiken Leuchttürmen war klar geworden, daß befeuerte Zeichen nicht den Beginn, sondern den

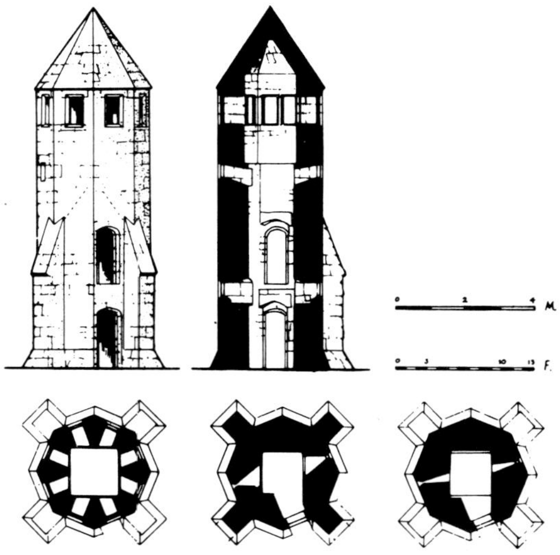

Höhepunkt der Entwicklung von Seezeichen markieren. So verhielt es sich auch in Nordeuropa. Die lebhafte, überwiegend küstengebundene Schiffahrt Skandinaviens zur Wikingerzeit hatte nämlich die Sitte entstehen lassen, an herausgehobenen Punkten spezielle Zeichen zu errichten, sogenannte „Warten". Vorher hatten sich die Schiffer an natürlichen Landmarken wie besonders geformten Felsen, Bergen, Flußmündungen, Baumgruppen usw. orientiert und auch künstlich errichtete, aber seefahrtsunabhängige Gebäude und Male, z. B. die großen bronzezeitlichen Grabhügel am Meer, kurzerhand zu „Seezeichen" umfunktioniert. Hinweise darauf finden sich in den Segelanweisungen, den zuerst mündlich, später schriftlich tradierten Vorschriften für

Ein Leuchtturmbau als Kirchenbuße: der Turm von St. Catherine's an der Südküste der Insel Wight aus dem Jahr 1314. Die zugehörige kleine Kapelle steht längst nicht mehr. Die Schnittzeichnung zeigt, daß der Leuchtturm von ganz einfacher Konstruktion ist. Den winzigen, nur 1,35 Meter im Quadrat messenden Laternenraum konnte man nur über senkrechte Leitern erreichen. Die Fenster waren wahrscheinlich verglast.

bestimmte Routen. Neben dem Lot waren sie das einzige Hilfsmittel der Navigation im Frühmittelalter. Solche wikingerzeitlichen und hochmittelalterlichen Zeichen wurden im Norden besonders zur Kennzeichnung von Hafenzufahrten errichtet, und logischerweise heißen sie dann auch „Hafenzeichen" oder, auf die Form bezogen, „Hafenkreuz".

Und genau so wird auch das älteste Seezeichen an den deutschen Küsten genannt. Lübeck, das sich anschickte, als Haupt der Hanse europäische Geltung zu erlangen, hatte 1226 von Kaiser Friedrich II. ein Privileg erhalten. In dieser Gründungsurkunde Lübecks wird für die Mündung der Trave in die Ostsee ein „signum portus", ein Hafenzeichen, erwähnt. Befeuert war dieses Hafenzeichen zunächst noch nicht. Das geschah erst unter niederländischem Einfluß im Laufe des Jahrhunderts. 1316 wird erstmals ein Leuchtturmwärter für Travemünde erwähnt, ein „custos lucerne", und das Lübecker Feuer war bald auch nicht mehr das einzige: Die entlang der Ostseeküste neu gegründeten Hansestädte folgten in kurzer Zeit mit der Errichtung eigener Feuer. 1306 erteilte der Abt des Klosters von Hiddensee – an der Einfahrt in den Strelasund – die Genehmigung zum Aufstellen eines Leuchtfeuers; in den Jahren 1348/49 errichtete Rostock bei Warnemünde einen Feuerturm und Danzig an der Weichselmündung

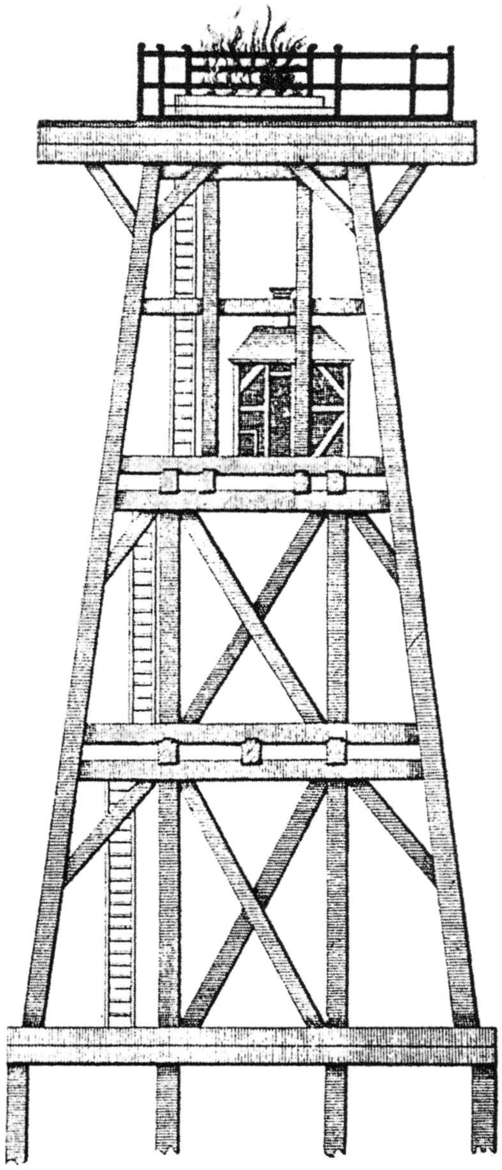

Feuerblüsen – Turmkonstruktionen mit einer offenen Plattform, auf der ein Kohlenfeuer unterhalten wurde – gab es in der Deutschen Bucht seit dem 17. Jahrhundert. Dieser Kupferstich aus dem Jahr 1751 zeigt die Hamburger Blüse auf Neuwerk. In luftiger Höhe gewährte ein kleines Häuschen den Blüsern Schutz.

folgte 1482. Die neuen Städte lagen oft nicht direkt an der Küste, sondern etwas im Landesinnern, sie mußten daher großes Interesse daran haben, an der nicht übermäßig gegliederten – und somit nicht leicht identifizierbaren – Küste die Einfahrten deutlich zu markieren.

Die deutschen Nordseeküstenanrainer folgten dieser Entwicklung erst sehr viel später. 1624 wurde hier erstmals ein Leuchtfeuer entzündet, und zwar im Seeturm von Wangerooge. Leuchtturmwärter war in diesem Fall eine Frau. Das Experiment endete kläglich: Graf Anton Günther von Oldenburg hatte die Verpflichtung zur Unterhaltung dieses Leuchtfeuers im Gegenzug zu der kaiserlichen Ermächtigung übernommen, einen Weserzoll erheben zu dürfen. Er nahm sein Versprechen nicht sonderlich ernst und stattete das Leuchtfeuer nur ungenügend aus. Auch eine verbesserte Version war nur rund vier deutsche Meilen weit zu sehen, und so wurde der Turm 1631 durch eine Feuerblüse (ausführliche Erklärungen der Fachbegriffe im Glossar) ersetzt. Inzwischen war 1630 ein Feuer auf Helgoland entzündet worden, und 1644 folgte Hamburg mit einem Feuer auf Neuwerk. Borkum, die wichtige Ansteuerungsmarke zur Einfahrt in die Ems, erhielt sogar erst 1780 ein befeuertes Seezeichen. Der Grund für diese große zeitliche Verzögerung war die im Vergleich zur Ostseeküste andere Routenführung der Schiffahrtsstraßen, bedingt durch die starken Gezeiten und die ausgedehnte Wattenküste. Zum einen fuhr man „binnen duinen", also zwischen Inselkette und Festland, und hierfür mußte man das von vielen Prielen durchzogene Watt wie seine Westentasche kennen. Fahrwasser waren ausgesprickt, d. h. die Prielkanten wurden mit Stangen, besenartigen Zeichen oder kleinen Bäumchen versehen. Zum andern führte der Großschiffahrtsweg weit an den Inseln vorbei in Richtung auf die offene See. Leuchtfeuer schienen nicht unbedingt eine Verbesserung der Schiffahrtspraxis zu bedeuten, zumal sie anfänglich auch nicht ganzjährig brannten, sondern nur in der dunklen Jahreszeit.

Es gab aber noch einen anderen Grund, warum die Einführung von Leuchtfeuern so zögerlich geschah, den finanziellen. Einerseits weigerten sich Hamburg und Bremen, für ihre Schiffe einen Feuerzoll zu bezahlen, andererseits hatten die Helgoländer überhaupt kein Interesse an einer Sicherung der Schiffahrt, fürchteten sie

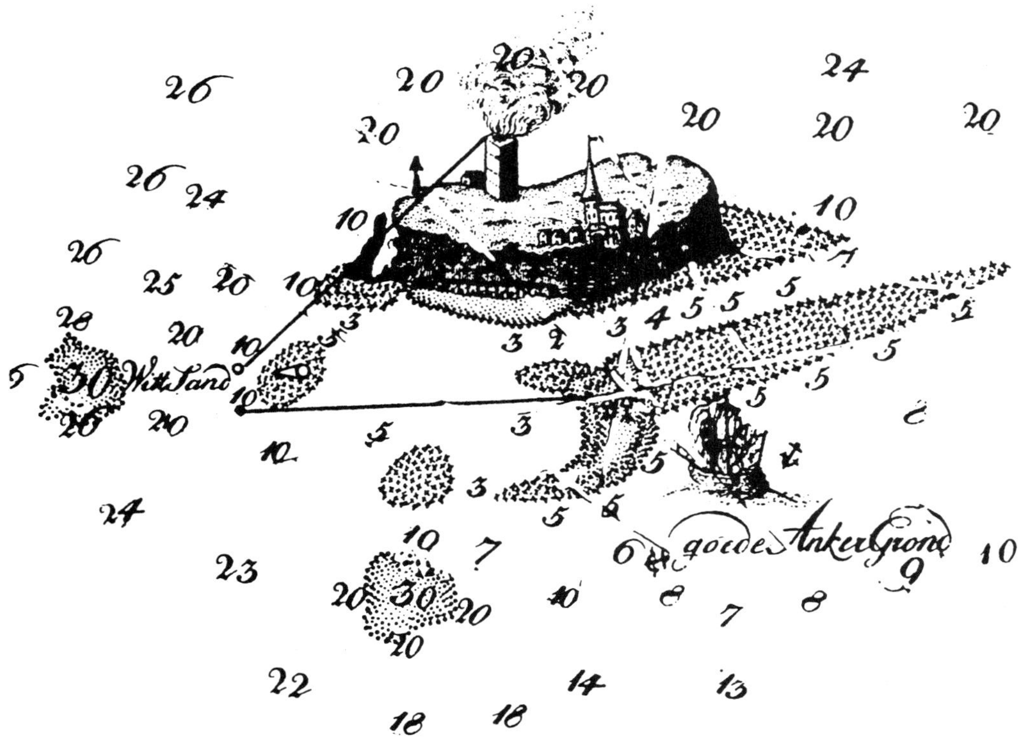

doch erhebliche Einkommenseinbußen durch Rückgang der Lotsgelder und durch Verringerung der Strandungen – das Strandrecht hatte ihnen häufig wie ein Gottesgeschenk ganze Schiffsladungen zukommen lassen. Dabei muß man nicht einmal auf die besonders in Abenteuerromanen und -filmen so häufig dargestellte „künstlich“ herbeigeführte Strandung verweisen, bei der das echte Leuchtfeuer gelöscht und ein in die Irre leitendes entzündet wurde, das dann ein fremdes Schiff auf Strand geraten ließ.

Helgoland, der wichtigste Ansteuerungspunkt in der Deutschen Bucht, besaß seit 1679 eine Blüse aus Stein. Der Ausschnitt aus einer anonymen Seekarte von 1762/67 zeigt eine Kreuzpeilung mit Hilfe des Feuerturms und der Bake auf der Düne.

Die Zahl der Leuchtfeuer an den Küsten von Nord- und Ostsee blieb im großen und ganzen bis zum Beginn des 19. Jahrhunderts konstant, doch experimentierte man – wie mit unterschiedlichen Brennstoffen – auch mit unterschiedlichen Bauarten, um die hohen Baukosten von Steintürmen zu senken. In den Niederlanden und Dänemark entwickelte man einfache Holzkonstruktionen, bei denen – wie bei einem ungarischen Ziehbrunnen – ein Feuerkorb an einem längeren Holzbalken emporgezogen und unter Umständen auch „gewippt“ werden konnte. Diese sogenannten Wippfeuer und „vuurbakens“ konnten sogar auf bereits vorhandene Bauwerke aufmontiert werden.

An der deutschen Nordseeküste bevorzugte man hingegen eine andere niederländische Entwicklung: Feuerblüsen. Das waren stabile Holzkonstruktionen, auf deren oberer, mit verschiedenen Lagen Sand, Lehm und Backsteinen gesicherter Plattform ein offenes Kohlenfeuer brannte. Die mächtigste dieser Feuerblüsen stand – mehrfach abgebrannt und wiedererrichtet – auf der hamburgischen Nordseeinsel Neuwerk und war von 1644 bis 1814 in Betrieb. Ein Nachbau dieser Blüse beherrscht heute den Eingang des Deutschen Schiffahrtsmuseums.

Um 1800 begann eine neue Epoche in der Geschichte des Leuchtfeuerwesens. An deutschen Küsten drängten nun die staatlichen Autoritäten darauf, dem expandierenden Weltverkehr zur See auch ein modernes Seezeichenwesen zur Verfügung zu stellen. Das brachte eine erhebliche Vermehrung von Leuchtfeuern mit sich, und ganze Schiffahrtsstraßen wurden nun durch Befeuerung navigatorisch sicherer gemacht – was Dänemark z. B. für sein Nadelöhr Öresund schon im 16. Jahrhundert bewerkstelligt hatte. Zum anderen brachten die leuchttechnischen Neuerungen – neue Brennstoffe, Argand-Lampen, Drehfeuer, Fresnel-Optiken und anderes mehr – erhebliche Verbesserungen; schließlich kamen im Verlauf des 19. Jahrhunderts auch neue Baustoffe für die Feuerträger in Gebrauch, nämlich Eisen und Stahl. So scheint mit der Blüse von Borkum, die 1780 auf erheblichen Druck Preußens hin von Emden errichtet wurde, die ältere Epoche des Leuchtturmbaus abgeschlossen. Nachdem in der napoleonischen Zeit ab 1807 an der deutschen Nordseeküste alle Feuer gelöscht worden waren, begann 1814 eine neue Ära, aus der viele Bauwerke heute noch erhalten sind.

Fast ein halbes Jahrtausend – 433 Jahre lang – versah der alte Leuchtturm von Travemünde seinen Dienst. Die Lübecker hatten den 31 Meter hohen Turm 1539 errichtet, nachdem ein Vorgängerbau aus dem 13. Jahrhundert zerstört worden war. Dieses älteste erhaltene Leuchtfeuerbauwerk an Deutschlands Küsten markierte die Einfahrt in die Trave, an der ca. 20 Kilometer stromauf die einst mächtige Hansestadt Lübeck liegt.

Die Leuchtfeuer, die dem Seemann von Nutzen sein können, müssen konstant brennen und aus großer Entfernung sichtbar sein. Das hängt beides in erster Linie von brauchbaren Brennstoffen und von Techniken ab, die Feuer so hell wie nur irgend möglich strahlen zu lassen. Und die technischen Einrichtungen wiederum werden nicht nur durch den Erfindergeist der Menschen bestimmt, sondern mindestens ebensosehr durch den zur Verfügung stehenden Brennstoff.

Als während des Mittelalters die nord- und westeuropäischen Küsten mit vereinzelten Leuchtfeuern versehen wurden, lag es nahe, zunächst auch die Leuchtstoffe zu verwenden, mit denen man die Häuser und Kirchen erhellte. So hatte der Turm von Brielle in Flandern, der aus dem 13. Jahrhundert stammt, in seinem kleinen gläsernen Häuschen an der Spitze Kerzen auf einer eisernen Pfanne, während der 1366 erstmals erwähnte Turm von Ostende eine Öllampe als Leuchte besaß. Wachs- oder Talglichter haben vielleicht auch in dem kupfernen Feuerkorb von Warnemünde gebrannt, von dem uns eine Abbildung überliefert ist. Sonst ist über Brennstoffe und Leuchttechnik der ersten deutschen Leuchttürme so gut wie nichts bekannt. Aus den Niederlanden aber wissen wir, daß neben Kerzen und Öl vor allem Brennmaterialien verwendet wurden, die leicht zu beschaffen waren: Reithbündel, Roggen- und Bohnenstroh, Torf, Birkenholz. Neben dem Vorteil, daß viele dieser Stoffe eine kräftige Rauchentwicklung mit sich brachten und

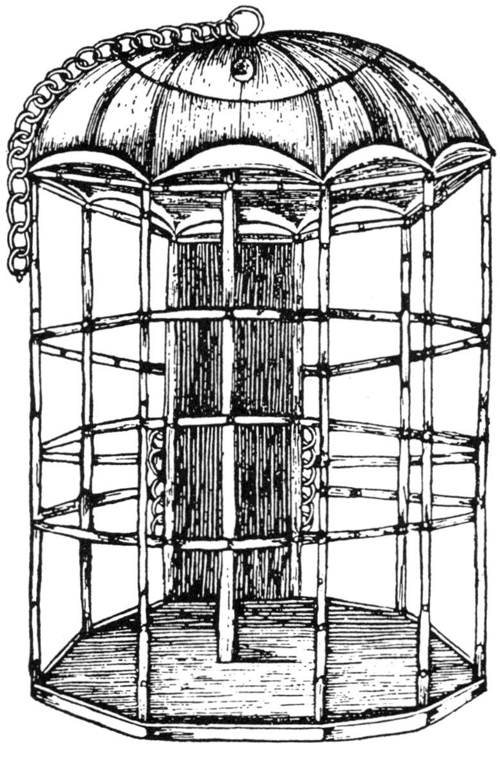

Als der Kupferstich von H. Nettelbladt 1757 erschien, war die vermutlich aus Warnemünde stammende kupferne Kerzen-Laterne aus der Zeit um 1500 technisch längst überholt. Die Kerzenflammen waren zwar durch Glasscheiben vor dem Wind geschützt, ihr Licht strahlte aber nicht sehr weit.

die Nachtseezeichen so auch durch die Rauchsäulen als Tagessichtzeichen dienen konnten, hatten diese Brennstoffe den großen Nachteil, daß ihre Feuer nur vier bis fünf Kilometer weit sichtbar waren, also ihrem eigentlichen Zweck nur sehr bedingt dienten.

Eine wesentliche Verbesserung brachten dann die im 17. Jahrhundert überall eingeführten Steinkohlenfeuer, die immerhin schon aus etwa zehn bis zwölf Kilometer Entfernung sichtbar waren. Allerdings brachten auch sie Probleme mit sich: Nicht nur, daß sich allein die teure schottische Steinkohle für den Blüsenbetrieb eignete, der neue Brennstoff entwickelte auch solche Hitze, daß kaum noch Schutzvorrichtungen gegen die Nässe und den Sturm um das Feuer herum gebaut werden konnten und manche der eisernen „Herde“, auf denen es unterhalten wurde, durch Ausglühen und Schmelzen zerstört wurden.

Verschiedentlich sind deshalb auch andere Brennstoffe ausprobiert worden, so auf dem wichtigen Wippfeuer auf Kap Skagen an der Nordspitze Jütlands Teer, Pech und sogar Tran aus Fischleber und auf dem ersten Wangerooger Leuchtturm von 1624 Rüböl. Öl konnte sich jedoch erst dann durchsetzen, als mit der Erfindung der Argandschen Lampe um 1800 auch ein Brenner zur Verfügung

stand, der diesen Brennstoff optimal ausnutzte. Nun wurden nach und nach die Feuer an den deutschen Küsten auf Ölbetrieb umgestellt. Außer auf Helgoland, wo teures Spermwalöl verbrannt wurde, verwendete man bis gegen 1870 vor allem Rüböl – pflanzliche Öle hatten wahrscheinlich schon den Leuchtfeuern der Antike als Brennmaterial gedient –, bis nach Entdeckung der riesigen Erdölvorkommen in Nordamerika Petroleum oder Steinöl, das die Betriebskosten erheblich senkte und außerdem mit größerer Helligkeit brannte, allgemein eingeführt wurden.

Einen weiteren Fortschritt für die Leuchtfeuertechnik brachte auch die Verwendung von Gas als Brennstoff.

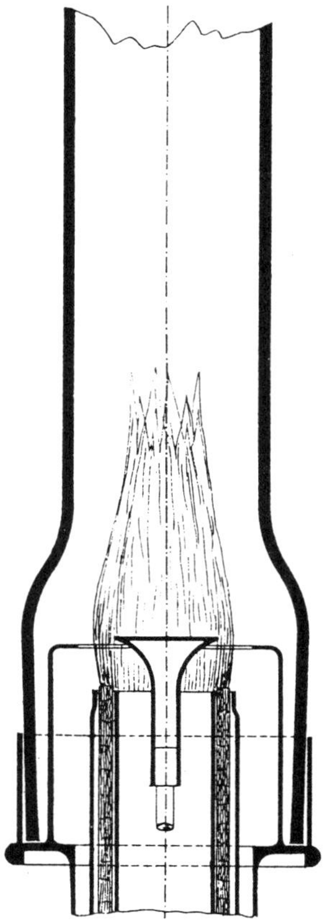

Schon 1819 wurde das Feuer „Neufahrwasser“ (Danzig) mit Steinkohlengas betrieben, doch war dieser Versuch nicht frei von Kinderkrankheiten und wurde 1860 wieder aufgegeben. Ölgas, vor allem Blau- oder Flüssiggas – die Gasverflüssigung war 1907 Hermann Blau aus Augsburg gelungen –, eignete sich wesentlich besser, besonders da seit 1885 mit dem Auerschen Glühstrumpf ein hervorragendes Brennelement zur Verfügung stand. Seit den 1950er Jahren ist schließlich der Leuchtfeuerbetrieb in Deutschland teilweise auf Propangas umgestellt worden. Gasfeuer hatte sich als wesentlich wartungsfreundlicher herausgestellt als Ölfeuer und war deshalb besonders für jene Leuchtfeuer ideal, bei denen wegen ihrer geringeren Bedeutung eine ständige Turmbesatzung wirtschaftlich kaum vertretbar war.

Elektrizität als Energiequelle fand erst relativ spät Eingang in die Leuchtfeuertechnik. Zunächst fehlte es an geeigneten technischen Mitteln, um Leuchttürme, deren Feuer unbedingt unterbrechungs- und störungsfrei arbeiten mußten, zuverlässig mit Strom zu versorgen. Die Wechselstrombogenlampen brauchten bei jedem Turm ein eigenes kleines Kraftwerk! Das Problem löste erst die Verwendung von Gleichstromanlagen, deren Energie gespeichert werden konnte. Deshalb verwundert es nicht, daß die ersten Versuche mit elektrisch betriebenen Feuern ab 1858 in England unbefriedigend verliefen. In Deutschland begann man erst 1887 mit derartigen Versuchen, wiederum in Danzig-Neufahrwasser, und gleichzeitig, 1887 bis 1890, wurde der sogenannte Kleine Leuchtturm auf Borkum als „elektrischer Leuchtturm“ geplant.

Die Elektrifizierung schritt nur langsam voran. Zu Beginn des Zweiten Weltkriegs war erst ungefähr die Hälfte der Leuchtfeuer in Deutschland mit Strom versorgt. Darunter waren natürlich die bedeutendsten, weil sich bei ihnen die teuren Installationen, z.B. die Verlegung der Versorgungskabel vom nächstgelegenen Elektrizitätswerk, am ehesten lohnten. Auch heute noch verfügen die elektrisch betriebenen Leuchtfeuer über Notstromaggregate, damit das Feuer bei Stromausfall nicht erlischt.

Einfach an besteigbaren Stangen befestigt waren die niederländischen Feuerkörbe, in denen Steinkohlen verbrannt wurden. Der Kupferstich von Adriaen van de Velde aus der Zeit um 1660 zeigt vermutlich einen Küstenabschnitt der Zuiderzee.

Mit der Erfindung des Hohldocht-Brenners gelang es 1784 dem Schweizer Aimé Argand, die Helligkeit verbrennenden Öls erheblich zu steigern. Innerhalb und außerhalb des Dochtes wird zusätzliche Frischluft zugeführt, ein darüber gestülpter Glaszylinder schützt die Flamme – die Frühform der Petroleumlampe.

Nur langsam hielt die Elektrizität als Energiespender Einzug in das deutsche Leuchtfeuerwesen. Die Stromerzeuger waren anfangs zu störanfällig. Der kleine, 1888/89 erbaute Leuchtturm von Borkum war allerdings von vornherein für den elektrischen Betrieb vorgesehen, und so heißt er bei den Insulanern heute noch „elektrischer Leuchtturm", obwohl natürlich inzwischen längst auch der Große Leuchtturm von 1879 elektrifiziert wurde.

In früheren Zeiten waren die technischen Einrichtungen der Leuchtfeuer außerordentlich bescheiden. Für Kerzen genügten metallene Halterungen, für Ölfeuer Schalen, in denen Dochte schwammen. Um diese Feuer vor Wind und anderen Witterungseinflüssen zu schützen, waren sie in Glasampeln oder in Räumen mit Glasfenstern untergebracht. Auch die sogenannten Feuerkörbe, die an Türmen hochgezogen werden mußten, waren verglast, sofern sie Kerzen trugen, wie z. B. der schon erwähnte älteste bekannte Feuerkorb Deutschlands aus Warnemünde. Nachteilig war, daß diese Feuer stark rußten, die Sichtbarkeit der Lichtquelle schnell abnahm und die Scheiben daher häufig gereinigt werden mußten. Nur im Kapellenturm von Köslin in Pommern scheint eine andere Technik angewandt worden zu sein, denn dort war schon vor 1532 eine Laterne installiert, „die in einem polierten Becken einen großen Widerschein gab". Wie die Konstruktion ausgesehen haben mag, wissen wir allerdings nicht. Vielleicht ist das „polierte Becken" jenen Stahlspiegeln ähnlich gewesen, mit denen man in Schweden im 18. Jahrhundert experimentierte. Hier dienten sie allerdings zum Reflektieren des Lichts von Öllampen.

Ein besonderes Problem der wesentlich stärkeren, offenen Kohlefeuer im 17. und 18. Jahrhundert bestand darin, das Feuer gleichmäßig hoch und hell zu halten, damit es möglichst eindeutig vom Schiff aus identifiziert werden konnte. Schüttete man neue Kohle nach, wurde das Feuer niedriger, starker Wind konnte es quer treiben und seine Stärke beeinträchtigen. Glaswände, oben offen oder mit Dach, mit regulierbarer Außenluftzufuhr oder Kamin, sollten Abhilfe schaffen, doch befriedigende Ergebnisse wurden nicht erzielt.

Zwei Erfindungen vom Ende des 18. und dem Beginn des 19. Jahrhunderts revolutionierten die Leuchtfeuertechnik, ein Ölbrenner und die Gürtellinse. Im Jahr 1784 entwickelte der Schweizer Pierre François Aimé Argand (1755–1803) eine später nach ihm benannte Runddocht-Lampe, bei der im Innern des durch den Docht gebildeten Zylinders Luft aufsteigt und so die Verbrennung wesentlich verbessert wird. Der Verbrennungsprozeß spielt sich im Innern eines Glaszylinders ab, so daß er gegen störende Einflüsse von außen geschützt ist – ein Prinzip, das noch von der guten alten Petroleumlampe bekannt ist. Dieser verbesserte Brenner wurde nun mit einem Hohlspiegel kombiniert, der das Licht bündelt und parallel zur Parabelachse zurückwirft, ein Phänomen, das kurz zuvor, im Jahre 1765, von dem Franzosen Antoine Lavoisier entdeckt worden war.

1791 wurde der Leuchtturm von Cordouan in der Gironde-Mündung erstmals mit einem rotierenden Feuer aus mehreren Argandschen Parabollampen bestückt. Und als das Trinity House, die englische Seezeichenbehörde, die Argandsche Entwicklung aufgriff und damit begann, die englischen Feuer zügig auf dieses System umzustellen, trat die neue Feuertechnik ihren Siegeszug an. Schon 1796 wurde in Preußen der Leuchtturm von Memel als erster mit Argand-Lampen ausgestattet. Die Nenntragweite solcher Argand-Feuer, also die Entfernung, aus welcher bei normaler Sichtigkeit das Feuer mit dem bloßen Auge erkannt werden kann, war etwa dreimal so groß wie die großer Kohlenblüsen! Es strahlte rund 30 Kilometer weit.

An der Nordseeküste wurde als erstes der 1802 bis 1804 erbaute Leuchtturm von Cuxhaven mit der neuen Technik versehen. Für diesen Turm hatte Hamburg die Argand-Lampe noch aus England bezogen; die weiteren Argand-Installationen stammten jedoch von dem Hamburger Mechaniker, Astronom und Spritzenmeister(!) Johann Georg Repsold.

Ein weiterer entscheidender Schritt, der bis heute seine Bedeutung nicht verloren hat, gelang dann 1820 dem Franzosen Augustin Jean Fresnel (1788–1827) mit der Erfindung der sogenannten Gürtellinse. Eine Lichtquelle strahlt das Licht normalerweise in alle Richtungen gleichmäßig ab. Das bedeutet bei einem Leuchtfeuer, daß das meiste Licht überflüssig ist. Argandsche Lampen nutzten immerhin schon etwa 20 Prozent des erzeugten Lichts, das in den Parabolspiegeln konzentriert wurde, für die eigentlichen Leuchtfeuerzwecke. Fresnel gelang es nun, durch eine sinnreiche gürtelförmige Anordnung von strahlenbrechenden Linsen bis zu 80 Prozent des erzeugten Lichts in der für die Schiffahrt richtigen Ebene zu halten. Benötigt wurde nun im Brennpunkt nur noch eine – allerdings starke – Lichtquelle. Die Fresnel-Linsen, die später noch durch zusätzliche Linsen zum Umlenken des nach oben und unten strahlenden Lichts in die Horizontalebene verbessert wurden, sind noch weltweit in Gebrauch.

Neben die Beschreibung Luzerns stellte Sebastian Münster in seiner dickleibigen „Cosmographei" von 1550 diesen Holzschnitt, der einen Turm mit vorgeheißtem Feuerkorb zeigt. Im Vierwaldstätter See habe seit alter Zeit ein Feuer für die Schiffer gebrannt, „wie es noch oft geschieht an der See bei Hamburg, Lübeck und Danzig".

1823 wurde die erste Fresnel-Optik installiert, wiederum auf dem wichtigen Turm von Cordouan in der Gironde-Mündung. In Deutschland bekam im Jahr 1843 als erstes Feuer der kleine Molenleuchtturm Neufahrwasser (Danzig) eine solche moderne Installation, 1846 folgte als erster größerer Turm Brüsterort, nordwestlich von Königsberg. Nach und nach wurden auch die anderen Türme mit Fresnel-Apparaten versehen. Obwohl die Herstellung teuer war – die bis über 1 000 Linsensegmente mußten in Handarbeit hergestellt werden –, lohnte die Investition. Trotz der Reduzierung der Brennelemente auf ein zentrales, was erhebliche Brennstoffersparnis mit sich brachte, waren Helligkeit und Tragweite weitaus größer als bei Argand-Lampen.

Die Entwicklung blieb aber nicht auf dieser Stufe stehen. Für bestimmte Arten von Leuchtfeuern wurden andere Systeme eingeführt, so jene Scheinwerferlinsen, die sich besonders als Richtfeuer und, wenn sie drehbar aufgestellt sind, für Blitz- oder Blinkfeuer eignen, oder das Präzisionssektorfeuer, das Ende der 60er Jahre in Deutschland entwickelt wurde und ähnlich einem Filmprojektor funktioniert. Mit ihm ist ein scharf begrenzter Lichtstrahl von rund 60 Kilometer Tragweite zu erzeugen.

Das alles war nötig geworden, weil mit der Vermehrung der Leuchtfeuer an den Küsten – so paradox das klingen mag – ein neues Sicherheitsproblem entstand. Damit die einzelnen Feuer ihren Zweck erfüllen konnten, mußten sie für den Seemann auch durch spezielle Merkmale zu identifizieren sein. Feste Feuer sehen bei Dunkelheit alle gleich aus, wenn man nicht verschieden gefärbte Gläser einsetzen wollte – und das machte man nicht so häufig, weil Farbe die Tragweite des Feuers erheblich mindert.

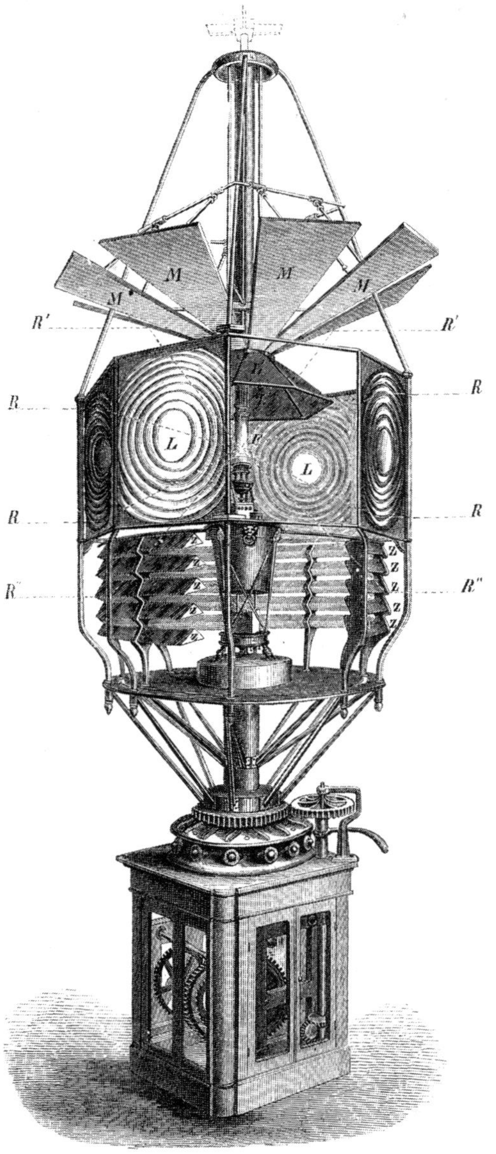

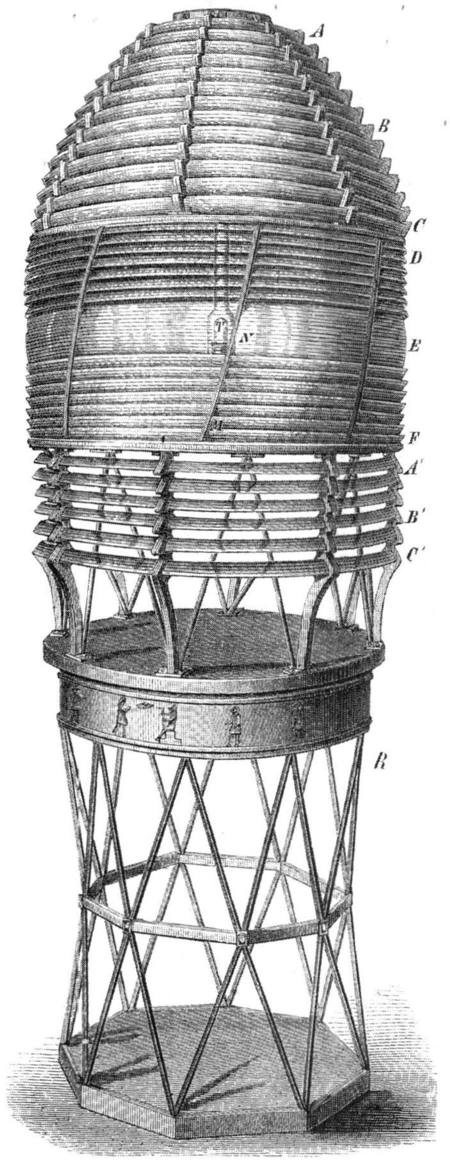

Also versah man die verschiedenen Leuchtfeuer nach Möglichkeit lieber mit besonderen Charakteristika der Verläufe, den sogenannten Kennungen. Zu den Leuchtfeuern, die immer gleiches Licht geben, traten nun Taktfeuer, deren Licht sich zum Beispiel drehte, unterbrochen wurde, blinkte, blitzte oder funkelte. Die Art der jeweiligen Feuer wurde in Segelhandbüchern, Karten und Leuchtfeuerverzeichnissen genau beschrieben, so daß der Navigationsoffizier ein Feuer identifizieren konnte, wenn es sichtbar wurde. Und in den meisten Fällen funktionierte das auch.

Die verschiedenen Leuchtfeuer dienen genau definierten Zwecken. Neben den allgemeinen Orientierungsfeuern gibt es sogenannte Leitfeuer, die die Fahrrinnenachse anzeigen, Richtfeuer, das sind hintereinander in unterschiedlicher Höhe angeordnete Feuer (Ober- und Unterfeuer), die bei einem korrekten Kurs übereinander stehen sollten, und Quermarkenfeuer, die den Punkt einer notwendigen Kurskorrektur bezeichnen.

Eine der wichtigsten Erfindungen für das Leuchtfeuerwesen war die 1820 von dem Franzosen Augustin Jean Fresnel entwickelte Gürtellinse. Ringförmig um eine Lichtquelle angeordnete Prismen lenken den überwiegenden Teil des abgestrahlten Lichts in die für den Seefahrer sichtbare Horizontalebene und verstärken so die Helligkeit erheblich.

Die für das einwandfreie Funktionieren eines Leuchtfeuers notwendigen optischen Geräte müssen sorgfältig gewartet werden. Das Zentrum einer solchen Anlage ist die Optik, hier eine große sogenannte Fresnelsche Gürtellinse, die aus Hunderten von klaren Glasprismen besteht. Diese Glaskörper sind gürtelförmig um eine einzige starke Lichtquelle im Innern angeordnet und lenken das gesamte Licht in die Horizontale, die allein vom Schiff aus sichtbar ist. Wenn ein solches Leuchtfeuer als Warn- oder Sektorenfeuer dienen soll, werden genau festgelegte Bereiche mit grünen oder roten Scheiben in den Fenstern des Laternenhauses versehen. Solche Farbsektoren machen zum Beispiel darauf aufmerksam, daß sich das Schiff einem Punkt nähert, an dem der Kurs geändert werden muß.

Entscheidend für die Tragweite eines Leuchtfeuers sind – neben den wechselnden meteorologischen Bedingungen – die Stärke der Lichtquelle und die Optik sowie die Feuerhöhe. Als 1913/14 die Drehlinse im Turm Greifswalder Oie installiert wurde, als Ersatz für zwölf Argand-Lampen gedacht, war sie die größte bis dahin in Deutschland hergestellte Optik. Der Durchmesser beträgt zwei Meter, die Brennweite 90 Zentimeter.

Die südliche Nordseeküste wurde erst spät – im 17. und 18. Jahrhundert – mit einzelnen Leuchtfeuern versehen. Das ist um so verwunderlicher, als hier mit der ostfriesischen Inselkette, dem Wattenmeer und den durch zahlreiche, ständig sich verlagernde Sände gekennzeichneten drei Flußmündungsbereichen von Ems, Jade/Weser und Elbe direkt in den Zufahrten der bedeutenden Hafenstädte Emden, Bremen und Hamburg ein navigatorisch schwieriges Gewässer in einem viel befahrenen Seegebiet lag. Natürlich gab es schon länger einige markante Bauten, die als Tagesseezeichen dienten, wie die Türme auf Borkum aus dem 16. Jahrhundert und der auf Neuwerk, der bereits 1312 vollendet war. Man darf mit Sicherheit voraussetzen, daß der geübte Schiffer auch die Silhouetten der einzelnen Inseln mit ihren Mühlen, Kirchen und hohen Dünen zu unterscheiden wußte. Schließlich waren seit dem 16. Jahrhundert gedruckte Segelanweisungen in Gebrauch, in denen die Umrißskizzen – sogenannte Vertonungen – der Küsten und ihrer auffälligen Bauwerke enthalten waren. Für die Fahrt in der Dunkelheit gab es aber bis zum Ende des ersten Drittels des 17. Jahrhunderts keine Hilfen. Das hatte mehrere Gründe.

Zum einen hatten die Bewohner von Borkum, Wangerooge und Helgoland mit ihrer Spezialkenntnis der Gewässerverhältnisse auf Ems, Weser/Jade und Elbe ein blühendes und sehr gewinnbringendes Lotsengewerbe entwickelt. Bis zum Ende des 18. Jahrhunderts verzichteten daher viele Seekartenzeichner und Verfasser von Seehandbüchern darauf, Segelanweisungen bis zu den großen Hafenstädten zu geben; die Kursvorschriften endeten bei den „Lotsenstationen".

„Nachdem ich Euch so zur Mündung der Weser gebracht und Euch sicher in die Hände der tüchtigen Lotsen gegeben habe, die Euch nach Bremen hinauf bringen werden, fahre ich fort...", formulierte 1728 Edmund Halley in seinem „Atlas Maritimus & Commercialis". Die Lotsen hatten denn auch die größten Vorbehalte gegen eine Befeuerung.

Ein anderer Grund lag in den politischen Verhältnissen: Die drei Flüsse waren Grenzen, die Ems zwischen Ostfriesland und den Niederlanden, die Weser zwischen Bremen und Oldenburg, die Elbe zwischen Hamburg und Lüneburg. Daraus resultierten viele Streitigkeiten um die Hoheitsrechte – und nur wer das Hoheitsrecht besaß, konnte dort auch Seezeichen errichten –, und der Kampf um diese Hoheitsrechte hatte wiederum ganz handfeste wirtschaftliche Hintergründe. Wer die Hoheit über einen Fluß ausübte, durfte Zölle erheben und konnte Stapelzwang durchsetzen, d.h. vorbeifahrende Schiffer zwingen, ihre Waren für eine bestimmte Zeit z.B. in Hamburg oder Bremen zum Kauf anzubieten, selbst wenn die Ladung eigentlich für einen ganz anderen Ort bestimmt war.

Diese Situation änderte sich erst grundlegend nach der Reichsgründung 1871. Im Jahr 1873 wurde das Seezeichenwesen in der Reichsverfassung verankert und 1887 schließlich wurden – später wiederholt modifizierte – Grundsätze eines einheitlichen Bezeichnungssystems der Fahrwasser und Untiefen in den deutschen Küstengewässern verabschiedet.

Das erste Feuer in der Emsmündung wurde im Jahr 1780 entzündet, eine Steinkohlenblüse, die bis 1807 und dann, nach der Unterbrechung in der napoleonischen Ära, wieder ab 1814 brannte, den Anforderungen aber nicht mehr gewachsen war. So wurde der aus dem Jahr 1576 stammende Seeturm mit einer Repsold-Laterne versehen, die 1857 gegen eine Fresnel-Optik ausgetauscht wurde. Im

Von 1817 bis zu seiner Zerstörung durch einen Brand im Jahr 1879 diente der 1576 erbaute alte Seeturm auf Borkum (im Hintergrund) als Leuchtturm. Nach dem Feuersturm wurde in der Rekordzeit von nur sechs Monaten der sogenannte Große Leuchtturm errichtet, der – wie der Bericht und das Bild in der damals viel gelesenen Illustrierten „Ueber Land und Meer" zeigen – schnell zum Wahrzeichen der Insel wurde.

Jahr 1879 brannte der heute „Alter Turm“ genannte Leuchtturm innen völlig aus; ein schadhaftes Ofenrohr des Torfherdes hatte den Feuersturm entstehen lassen. Noch im selben Jahr wurde mit einer unerhörten Kraftanstrengung der Große Leuchtturm errichtet, nach bereits länger diskutierten Plänen in einer Bauzeit von nur sechs Monaten. Am 15. November 1879 wurde das Feuer in der rund drei Meter hohen Fresnelschen Drehlinsenoptik entzündet, das damals 21 Seemeilen weit strahlte. Heute leuchtet das auf fast 60 Meter Höhe angebrachte und nach mehrfacher Modernisierung seit 1978 ferngesteuerte Licht 24 Seemeilen weit. Der hohe, dunkelbraune Ziegelturm kann über 315 Stufen bestiegen werden.

Als Leitfeuer für die Emsfahrrinne steht seit 1891 auf Borkum auch der 27 Meter hohe sogenannte „elektrische Turm“, ein 16eckiges, aus vorgefertigten Gußeisenplatten errichtetes Bauwerk. Den Namen erhielt er, weil er als einer der ersten Leuchttürme von vornherein für elektrischen Betrieb vorgesehen war. Unter den Leuchttürmen, die den Schiffahrtsweg von Borkum nach Emden bezeichnen, wie Fischbalje, Außen- und Binnen-Randzel, Pilsum usw., ist das Leitfeuer von Campen in mehrfacher Hinsicht bedeutsam. Der 65 Meter hohe Gitterturm ist das höchste deutsche Leuchtfeuer (außer dem neuen Feuer Travemünde, das aber auf das Hotel Maritim aufgesetzt ist) und darüber hinaus eines der stärksten an den deutschen Küsten: 30 Seemeilen beträgt die Nenntragweite des 1976 installierten Präzisionssektorfeuers.

Alle Feuer der Unterems-Befeuerung werden heute von der Revierzentrale im Radar- und Richtfunkturm Knock aus ferngesteuert. Auch dieser moderne, 64 Meter hohe Turm dient als Leuchtturm: In 29 Meter Höhe zeigt ein Quermarkenfeuer die hier notwendige Kurskorrektur an.

Bis über die Mitte des letzten Jahrhunderts hinaus war die gesamte ostfriesische Inselkette nur im Westen und Osten, auf Borkum und Wangerooge, mit Leuchtfeuern versehen. Diese für die Schiffahrt häufig verhängnisvolle Situation änderte sich erst, als zwischen 1872 und 1874 der 54 Meter hohe Ziegelturm auf der Inselmitte von Norderney errichtet wurde. Seine Drehlinsen-Optik, die dem Feuer eine Nenntragweite von 23 Seemeilen verschafft, stammt aus Frankreich. Sie ist heute noch in Betrieb.

Die Geschichte der Leuchttürme auf der östlichsten der friesischen Inseln, auf Wangerooge, ist besonders bewegt, weil diese Insel, die an der Zufahrt zu Jade und Weser liegt, immer wieder von starken Sturmfluten in ihrer Gestalt verändert worden ist. Viele Bauwerke fielen dadurch den zerstörerischen Wassern zum Opfer, so 1825 der 1706 errichtete massive Steinturm und 1859 der erst 1830 erbaute, 23 Meter hohe Leuchtturm. Wahrzeichen ist heute die 1933/34 errichtete Nachbildung des sogenannten Westturms von 1601/1624. Allerdings ist das kein Leuchtturm mehr. Das Seefeuer Wangerooge ist seit 1969 ein 64 Meter hoher, moderner Stahlbetonturm, dessen Blitzfeuer als Leitfeuer die Schiffe zum Tiefwasserhafen Wilhelmshaven dirigieren soll. Er ersetzte den sogenannten Alten Leuchtturm von 1856, der heute nur noch als Aussichtsturm und Museum dient.

Die Einfahrt in den Jadebusen, der durch mehrere große Sturmfluten bis 1511 in das Land gerissen wurde, war schon immer schwierig. Nachdem Preußen aber im Jahr 1853 gerade hier ein großes Gelände zur Anlage eines Kriegshafens, des späteren Wilhelmshavens, von Oldenburg erworben hatte, stellte sich die Frage nach einer Befeuerung mit aller Dringlichkeit. 1877 wurde bei Varelersiel das erste Leuchtfeuer errichtet, dem andere folgten. Zum Teil mußten sie aber wegen der Veränderungen der Fahrrinnen wieder gelöscht werden. Besonders imposant ist das 1910 gezündete Feuer von Arngast. Der 37 Meter hohe Turm ist nicht an Land, sondern im Watt errichtet worden. Sein Fundament ruht auf Holzpfählen. Heute dient er als Leit- und Quermarkenfeuer mit einer äußersten Tragweite von 21 Seemeilen.

Der Seeweg von Wangerooge bis nach Bremen bzw. Bremerhaven, neben dem nach Hamburg der wichtigste in den deutschen Revieren, ist mit einer Reihe von bedeutenden und sehr interessanten Leuchttürmen versehen. Schon seit dem ausgehenden Mittelalter war Bremen bemüht, dem Schiffsverkehr, von dem seine gesamte Existenz abhing, durch Tonnen und Baken den Weg in die Weser zu weisen. Besonders bekannt geworden ist die sogenannte Schlüsseltonne, die Ansegelungstonne für die Einfahrt in die Weser. Da solche Einrichtungen für den zunehmenden Seeverkehr nicht mehr ausreichten, legte Bremen 1818 – nach dem Vorbild Hamburgs und der Eiderlotsen – erstmals in der Nähe des Mellum-Sandes ein Feuerschiff aus, weitere folgten. Da das Feuer dieser Schiffe aber relativ schwach und niedrig angebracht war, da die Fahrzeuge ferner häufig wegen der Witterungsbedingungen eingeholt werden mußten, bei Sturm vertrieben und oft in Kollisionen verwickelt waren, versuchte man, sie nach Möglichkeit durch ortsfeste Leuchtfeuer zu ersetzen.

Als Bremen eine besonders kritische Stelle des Weserfahrwassers, die Untiefe Roter Sand an der Verzweigung von Alter und Neuer Weser, befeuern wollte, faßte man einen bis dahin für unmöglich gehaltenen Plan: Man beschloß, einen Leuchtturm mitten im tiefen Wasser der See zu errichten.

Das Unglaubliche wurde Wirklichkeit. Mitten aus dem seeschifftiefen Wasser der Außenweser erhebt sich, 34 Meter über Null, der rot-weiß gestreifte Stahlturm des Leuchtturms Roter Sand. Drei halbrunde Erker unter der Plattform und eine schwarz überdachte, weiße Kuppellaterne verleihen ihm ein nahezu anmutig zu nennendes Aussehen. Die Verbindung von geglückter Architektur und bautechnischem Wunderwerk machten den 1881 bis 1885 errichteten Leuchtturm nicht nur weltweit bekannt, sondern er wurde auch – namentlich für die Deutschen – zum Leuchtturm schlechthin, zum Stolz einer ganzen Epoche. Als deshalb 1986 sein letztes Feuer – ein Quermarkenfeuer, das Hauptfeuer war schon 1964 durch den Leuchtturm Alte Weser ersetzt worden – gelöscht werden mußte, gelang es, ihn als technisches Denkmal hohen Ranges vor dem Verfall zu bewahren.

Dabei hatte alles gar nicht so glücklich begonnen. Geplant war die Absenkung eines Caissons von 25 Metern Höhe, von denen 14 Meter in den Sand eingespült werden sollten. Doch ein schwerer Herbststurm des Jahres 1881 zerstörte den ersten Caisson gerade nach Beginn der Bauarbeiten. Zwei Jahre dauerte es, bis der nächste Versuch unternommen werden konnte – und diesmal ging alles gut.

Wiederum wurde ein Caisson mit Hilfe von Druckluft in den weichen Untergrund eingespült. Später mußte er von innen mit Beton und Mauerwerk ausgefüllt werden. 22 Meter unter Null beträgt die unterste Tiefe der Gründung, und in einer Taucherglocke unter unmenschlichen Bedingungen schaffend, mußten die Arbeiter ca. 1 600 Kubikmeter feinen Sand nach oben transportieren, damit Platz für die Füllung entstand. Ende August 1884 waren der Caisson und der acht Meter hohe Turmsockel fertiggestellt. Nun konnten die jeweils gut vier Meter hohen Geschosse aufgebaut werden, die – von unten nach oben – Keller, Schlafraum, Küche, Dienst- und Wohnraum sowie den Laternenraum enthielten. Die Gesamthöhe des Bauwerks vom Caissonfuß bis zur Oberkante beträgt 52,50 Meter.

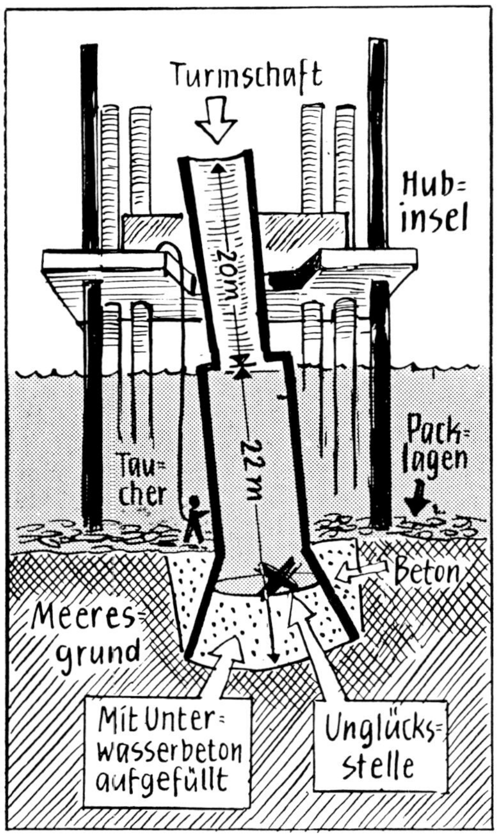

Die Leitung dieses technisches Neuland beschreitenden Unternehmens lag bei Baurat Karl Friedrich Hanckes und dem Wasserbauingenieur Walter Körte, der später Leiter des deutschen Seezeichenwesens wurde; die Bauausführung war der Duisburger Firma Harkort übertragen worden.

Nur wenig nordöstlich des Leuchtturms Roter Sand steht sein Nachfolger, das See-, Orientierungs- und Leitfeuer Alte Weser, ein moderner Stahl-Zweckbau. Als wolle sich die Geschichte wiederholen, mißglückte auch hier der erste Versuch der Aufstellung: 1961 zerdrückte das Wasser den Turmschaft, ein Unglück, das zwei Menschenleben forderte. Erst 1962/63 wurde der Turm vollendet, und am 1. September 1964 übernahm sein Feuer die Hauptfeuerfunktion des Roten Sandes. Auch dieser Turm dürfte den meisten bekannt sein, ziert er doch eine Zwanzig-Pfennig-Briefmarke der Deutschen Bundespost.

Das Weserfahrwasser, das bis Bremen Seeschiffahrtsweg ist, ist durch eine Reihe bemerkenswerter Leuchtfeuerbauten gekennzeichnet, so Tegeler Plate (1965), Hohe Weg (1856), dessen Gürteloptik im Deutschen Schiffahrtsmuseum zu bewundern ist, Robbenplate (1924) wie auch kleinere Feuer im Bereich Bremerhavens und entlang der Unterweser bis Bremen.

Einer der architektonisch schönsten Leuchttürme der deutschen Küsten entstand 1854/55 direkt neben der Schleuse zum Neuen Hafen in Bremerhaven: der von Simon Loschen in neugotischem Stil errichtete Große Leuchtturm. Der unter Denkmalschutz stehende 37 Meter hohe Turm, der älteste an der Weser, dient seit 1893 nurmehr als Oberfeuer der Richtfeuerlinie Bremerhaven. Solche Richtfeuerlinien sind im Zusammenhang mit der großen, von Ludwig Franzius 1887 bis 1895 durchgeführten Weserkorrektion, durch die auch größeren Schiffen wieder der Zugang nach Bremen ermöglicht werden sollte, an der gesamten Unterweser eingerichtet worden. Dabei wurden unterschiedliche Gittermasten als Ober- und Unterfeuer in Serie gebaut, von denen aber nur noch wenige erhalten sind, so z. B. das Unterfeuer Sandstedt mit seiner grünen Kuppel, heute im Freilichtbereich des Deutschen Schiffahrtsmuseums. Das Oberfeuer wird noch an seinem ursprünglichen Standort erhalten.

Der markierte Schiffahrtsweg in die Weser und in die Elbe beginnt eigentlich schon bei Helgoland. Dieser rote Felsen mitten in der Deutschen Bucht ist schon seit alters wichtiger Ansteuerungspunkt, und von der Rolle der Helgoländer Lotsen haben wir schon gehört. Sie haben sich auch hier vehement gegen die Errichtung eines Leuchtfeuers gewehrt, das aber den-

Große Schwierigkeiten bereitete auch noch 80 Jahre nach dem Bau des Leuchtturms Roter Sand die Gründung für seinen Nachfolger im seeschifftiefen Wasser. 1961 zerdrückten die Wassermassen den Schaft des neuen Turms „Alte Weser". Der Unfall kostete zwei Bauarbeitern das Leben.

noch – auf Drängen der Kaufleute von Friedrichstadt an der Eider, nicht etwa der Hamburger – 1630 für einige Jahre entzündet wurde. Ab 1679 ließ Hamburg dann doch auf einem Steinturm ein Feuer brennen, das 1811 von den Engländern, die Helgoland besetzt hatten, durch ein moderneres ersetzt wurde. Im Jahr 1902 erhielt die Insel, inzwischen wieder deutsch, ein weitreichendes Blitzfeuer, doch fiel der Leuchtturm, wie fast alles andere, 1945 den Bomben zum Opfer. Nach dem Krieg wurde der aus Beton errichtete Flak-Leitstand, der den Bombenhagel überdauert hatte, als Leuchtturm hergerichtet, und er ist es auch heute noch, natürlich durch und durch modernisiert.

Das älteste von den Hamburgern errichtete Seezeichen in der Deutschen Bucht ist der von 1299 bis 1312 erbaute Seeturm auf der Insel Neuwerk, ein mächtiger Festungsbau, obwohl die Herzöge von Sachsen eigentlich nur dem Bau eines Seezeichens zugestimmt hatten. Konsequent verlegte Hamburg auch gleich nach der Fertigstellung eine militärische Besatzung in den Turm, der die Einfahrt in die Elbe beherrscht. Leuchtturm wurde das Bauwerk allerdings erst 1814. Vorher hatten die Feuer seit 1644 auf Kohlenblüsen gebrannt. Heute dient der Neuwerker Turm nur noch als Quermarkenfeuer.

In Cuxhaven, wo die Außen- in die Unterelbe übergeht, steht an der Alten Liebe der 23 Meter hohe Leuchtturm, der in der deutschen Seezeichengeschichte besondere Bedeutung besitzt. Von 1802 bis 1804 als Ersatz für ein Holz-Seezeichen, die Ros-Bake, gebaut, erhielt der zylinderförmige Turm als erstes deutsches Leuchtfeuer Argand-Lampen aus England. 1853 wurde hier das erste Sektorenfeuer Deutschlands eingerichtet, und 1899 unternahm Ferdinand Braun von hier aus seine Versuche der drahtlosen Telegraphie. Das Licht des Leuchtturms Cuxhaven dient heute aber ebenfalls nur noch als Quermarkenfeuer.

Wie die der Weser ist auch die Fahrrinne der Elbe bis Hamburg durch eine Vielzahl kleinerer Leuchttürme, die Richtfeuerlinien bilden, markiert. Auch hier haben Veränderungen der Fahrrinne und die Entwicklung der Technik manche der ursprünglichen Leuchtfeuerbauten verschwinden lassen. Diesem Schicksal ist der Alte Turm Altenbruch, die „Dicke Berta“, entgangen. Als 1971 die Richtfeuerlinie, der sie als Unterfeuer diente, verlegt wurde, war sie noch einige Jahre Quermarkenfeuer, bis sie 1983 „außer Dienst“ gestellt wurde. Doch sie ist heute ein denkmalgeschütztes Bauwerk und zeugt von der großen Epoche der Leuchtfeuerbauten an der Elbe um die Jahrhundertwende.

An der „Alten Liebe“ in Cuxhaven, dort, wo die Unterelbe in die Außenelbe übergeht, prägt seit 1804 ein 23 Meter hoher Backstein-Leuchtturm die Silhouette. Auf diesem Turm wurde erstmals in Deutschland eine Argand-Lampe installiert.

In 63 Meter Höhe markiert das Seefeuer von Borkum, der Große Leuchtturm, die Einfahrt in die Ems. Die Feuerhöhe eines Leuchtturms ist übrigens in der Regel größer als das Bauwerk selbst, da sie an der Nordseeküste über mittlerem Hochwasser, in der Ostsee über mittlerem Wasserstand gerechnet wird. Zur Höhe des Bauwerks kommt also noch die Höhe des Landniveaus hinzu.

Der 65 Meter hohe Gitterturm von Campen an der Ems, 1889/90 im Zuge der deutsch-niederländischen Unterems-Befeuerung errichtet, ist das höchste deutsche Leuchtfeuerbauwerk. Da sein Leitstrahl das Fahrwasser bis Borkum markieren soll, hat sein 1976 installiertes Präzisionssektorfeuer eine Tragweite von 30 Seemeilen. So ist das Feuer von Campen zusammen mit dem des elektrischen Turms von Borkum das stärkste deutsche Leuchtfeuer überhaupt.

Ein attraktiver Leuchtturm außer Dienst: Nur von 1891 bis 1915 wies der elf Meter hohe, genietete Eisenturm von Pilsum an der Ems als Richtfeuer den Schiffen den Weg in die Emshörnrinne. Während des Ersten Weltkriegs wurde sein Feuer gelöscht und 1919 wegen Verlagerung des Fahrwassers nicht wieder gezündet. 1972 wurde der ursprünglich rote Veteran saniert und mit dem leuchtend gelb-roten Anstrich versehen.

Die ostfriesische Inselkette war anfänglich nur im Westen und im Osten befeuert, um die Einfahrten zu den Häfen an der Ems und der Jade/Weser zu kennzeichnen. Erst 1872 bis 1874 wurde auf Drängen Bremens auf Norderney der 54 Meter hohe Leuchtturm erbaut. Seine ursprüngliche, aus Frankreich gelieferte Drehlinse ist heute noch in Betrieb.

Im Watt des Jadebusens, dieser durch mehrere Sturmfluten, hauptsächlich die Antoniflut von 1511, ins Land gerissenen Bucht, steht seit 1910 der 37 Meter hohe Leuchtturm Arngast. Nachdem Preußen von Oldenburg am Jadebusen Land zur Anlage des Kriegshafens Wilhelmshaven erworben hatte, war eine Befeuerung notwendig geworden. Heute sind auf dem gußeisernen Turm ein Leitfeuer für das Jadefahrwasser und ein Nebenfeuer für das Vareler Fahrwasser installiert.

Nach der Errichtung des Leuchtturms Roter Sand (1881–1885) dichtete ein Herr Thienst mehr schlecht als recht:
„Wo sich der Weser Wellen / vermählen der offenen See, / da ragt für fahrende Gesellen / ein trautes Mal in die Höh'. / Es ist gar trefflich gegründet, / in Meerestiefen sein Stand, / dem Maat sicher Fahren kündet / der Leuchtturm auf Roter Sand."
H. Wedemeyer aus Lehe setzte diese Worte für Männerchor in Noten um. Der Leuchtturmbau mitten im seeschifftiefen Wasser der Außenweser galt als technische Pionierleistung. Das Bauwerk wurde zum Inbegriff des Leuchtturms und ist heute – außer Dienst, aber saniert – ein Kulturdenkmal von besonderer Bedeutung.

Die Aufgabe des Leuchtturms Roter Sand versieht seit 1964 der Leuchtturm Alte Weser, den man an der gegenüberliegenden Seite der Mündungsrinne Alte Weser erbaut hat. Der Schaft wurde elf Meter tief in den Untergrund eingespült, der Turm selbst aus vorgefertigten Bauteilen errichtet. Die Gesamtkonstruktion ist 62 Meter hoch, der sichtbare Turm bei mittlerem Hochwasser 38 Meter.

Für die Riesenschiffe des Norddeutschen Lloyd baute Bremen in Bremerhaven den tideunabhängigen Kaiserhafen, dessen Zugang die Kaiserschleuse bildet. Diese Schleuse war bei ihrer Eröffnung 1897 die größte der Welt. Auf der Ostseite der Kaiserschleuse steht seit 1900 ein nur 15 Meter hoher, architektonisch reizvoller Leuchtturm, dessen offizieller Name Kaiserschleuse Ostfeuer ist. Er heißt jedoch bei den Bremerhavenern nur Pingelturm, weil er mit einer kleinen Nebelschallglocke versehen ist.

Direkt an der Schleuse zum „Neuen Hafen“ von 1851 wurde 1854/55 der Große Leuchtturm von Bremerhaven errichtet. Der Bremer Architekt Simon Loschen, der sich die Wiederbelebung gotischer Bauformen zum Ziel gesetzt hatte, entwarf mit diesem heute unter Denkmalschutz stehenden Turm ein Meisterwerk neugotischer Backsteinarchitektur in Norddeutschland.

Als alle Bauwerke auf Helgoland im Bombenhagel des Zweiten Weltkriegs und in den Jahren danach, in denen die Insel Übungsziel der Air Force war, zerstört wurden, blieb einzig der 1941 aus meterdicken Betonmauern errichtete Flak-Leitstand einigermaßen erhalten. 1952 wurde darauf ein provisorisches Leuchtfeuer entzündet. 1965 wurde der Turm schließlich mit rotem Klinkerwerk ummantelt. So dient er heute noch als Seefeuer Helgoland.

Das
älteste erhaltene Seezeichen an Deutschlands Küsten: der 1299 bis 1312 von den Hamburgern auf der Insel Neuwerk bei Cuxhaven erbaute mächtige Wehrturm. Das 39 Meter hohe Bauwerk diente allerdings lange Zeit hauptsächlich militärischen Zwecken, zur Sicherung von Hamburgs Macht in der Außenelbe und im Kampf gegen Seeräuber. Erst 1814 wurde auf dem Turm ein Feuer installiert.

Schleswig-Holsteins Westküste von der Elbe bis zur heutigen dänischen Grenze ist wegen des Wattenmeeres, der vielen Inseln und Halligen und der weit in die Nordsee reichenden Untiefen ein Schiffahrtsrevier, das nach Möglichkeit gemieden und nur vom Lokalverkehr sowie von Fahrzeugen, die Eider oder Hever anlaufen, befahren wird. Schiffe, die etwa von der Elbmündung ins Skagerrak fahren wollen, bleiben weit draußen auf See, denn zu den Gefahren, die eben genannt wurden, kommt noch hinzu, daß der häufige starke Westwind die Schiffe auf die Küste zutreibt. Viele tausend Schiffe sind hier hilflos festgekommen und verloren Menschen und Ladung. So wird es verständlich, daß es tatkräftige niederländische Kaufleute aus Friedrichstadt an der Eider waren, die sich zuerst darum bemühten, auf Helgoland ein Leuchtfeuer zu errichten, und daß das erste Feuer, welches an der schleswig-holsteinischen Westküste brannte, eine Laterne auf dem im Jahr 1815 vor der Eider ausgelegten Lotsen- und Feuerschiff war. Der Eider-Kanal von 1784 hatte das Schiffsaufkommen hier erheblich gesteigert. Im übrigen kamen Leuchtseezeichen an dieser Küste, welcher der wirklich große Verkehr fehlte, nur sehr langsam in Gebrauch. Eine große Rolle spielte dabei das fortschrittliche dänische Seezeichenwesen – Schleswig-Holstein gehörte bis 1864 zum dänischen Königreich –, das ab 1842 (Föhr) einige Leuchttürme erbaute: 1845 Dagebüll, 1852 Lister Tief und 1856 Kampen. Eine durchgehende Befeuerung wurde schließlich unter deutscher Herrschaft nach 1864 durchgeführt. Jedoch dauerte es nach dem Sieg über die Dänen im deutsch-dänischen Krieg noch elf Jahre, bis auf Amrum der erste Leuchtturm in deutscher Regie gebaut wurde.

Im Norden der Halbinsel Eiderstedt erhebt sich auf einer künstlich angelegten Warft einer der bekanntesten Leuchttürme Deutschlands, der mit seinen beiden Nebengebäuden, in denen allerdings kein Leuchtturmwärter mehr wohnt, inmitten weiter, bei Sturm überfluteter Wiesen völlig einsam steht und der daher ein Leuchtturm so recht nach der allgemeinen Vorstellung ist: der 40 Meter hohe Leuchtturm Westerheversand. Er ist See-, Leit- und Quermarkenfeuer und wurde von 1906 bis 1908 aus über 600 vorgefertigten Gußeisenplatten erbaut. Er sichert die schwierige Einfahrt in die Hever, eine rund 30 Kilometer lange Rinne, in der der Gezeitenstrom hin- und herfließt. Übrigens ist Westerheversand der höchste Leuchtturm Schleswig-Holsteins.

Durch den 1895 eröffneten Nord-Ostsee-Kanal erhielt Brunsbüttel an der Unterelbe große Bedeutung für die Schiffahrt. Die Kanaleinfahrt wurde nach und nach durch vier Molenfeuer markiert. Der Turm Brunsbüttel Mole 4 von 1977 sendet sein weißes und rotes Feuer automatisch gesteuert.

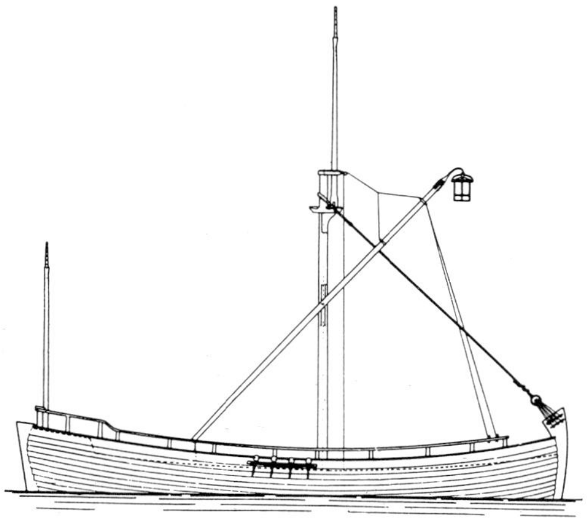

An der Mündung der Hever liegt auch die Hallig Süderoog mit dem vorgelagerten Süderoog-Sand. Da diese Untiefe bei hohem Wasserstand nicht mehr auszumachen ist, stand hier schon mindestens seit dem 18. Jahrhundert eine Bake. Das heutige Bauwerk stammt aus dem Jahr 1987 und trägt – wie der Vorgänger seit 1940 – eine Laterne, die als Orientierungs- und Quermarkenfeuer dient. Ferner bietet sie Zuflucht für Schiffbrüchige, die von hier aus telefonieren und um Hilfe bitten können.

Die besondere Situation in den Seegebieten vor der schleswig-holsteinischen Westküste führt auch zu außergewöhnlichen Leuchtzeichen. Auf der Hallig Oland steht z. B. der kleinste und niedrigste „Leuchtturm" der gesamten Küste, ein nur 7,45 Meter hohes, reetgedecktes Häuschen, dessen Feuer, ein Quermarkenfeuer, immerhin 14 Seemeilen weit sichtbar ist. Übrigens steht für den nur teilautomatisierten Turm im Notfall noch ein Leuchtturmwärter zur Verfügung!

Zur Erleichterung der Einsteuerung in die Eider wurde erstmals 1815 eine Lotsengaliot mit einem Licht versehen. Die Leuchtkraft der kleinen vierdochtigen Metall-Laterne war allerdings sehr gering.

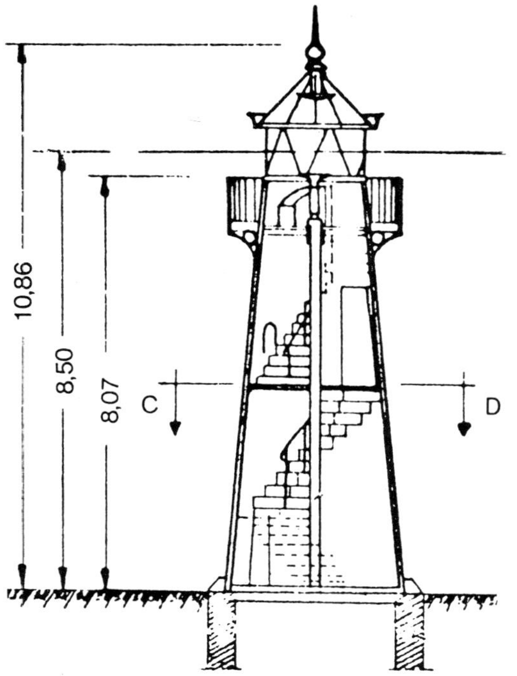

Einen wirklichen Gegensatz dazu bildet der auf einer hohen Düne errichtete, schon genannte Leuchtturm von Amrum. Das Licht auf dem 41 Meter hohen Turm, dem ersten deutschen Leuchtfeuerbau an der schleswig-holsteinischen Westküste, strahlt als Seefeuer 23 Seemeilen weit. Wie auch an anderen Orten wurde der Bau dieses Seezeichens von der einheimischen Bevölkerung abgelehnt. Dennoch wurde das Feuer zu Beginn des Jahres 1875 entzündet, und heute ist der Turm, der bestiegen werden kann, nicht nur für die Seeleute wichtig, sondern auch eine Attraktion für die Feriengäste.

Die größte Zahl an Leuchttürmen auf den Nordfriesischen Inseln und Halligen weist Sylt auf, kein Wunder bei der langgestreckten Form der Insel und der Gefährlichkeit der Zufahrtswege. Zunächst hatten die Dänen 1852 das Lister Tief am Ellenbogen im Norden der Insel mit einem 14 und einem elf Meter hohen Leuchtturm befeuert, bevor sie 1856 den 40 Meter hohen Steinturm von Kampen erbauten. Seine große Fresnel-Optik erlaubt heute eine Nenntragweite des Feuers von 20 Seemeilen. Der einst gelbe Turm ist seit 1953 weiß getüncht und in mittlerer Höhe mit breitem, schwarzem Ring versehen.

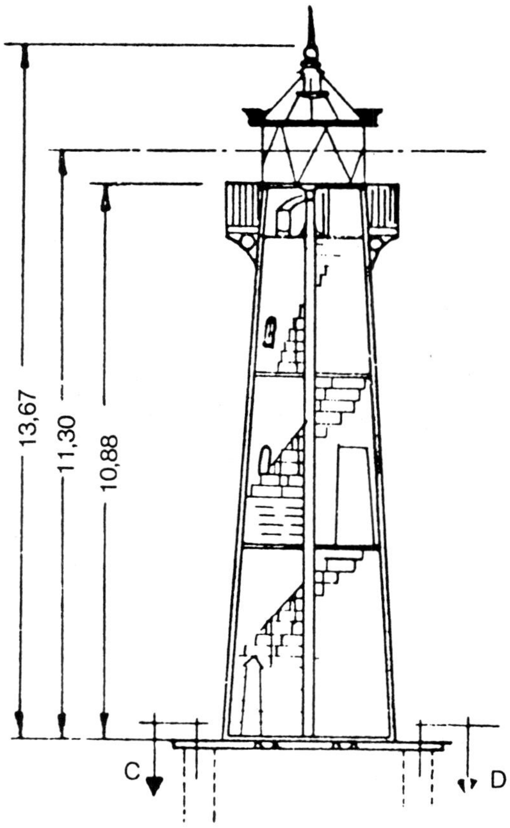

Das jüngste der großen Sylter Feuer ist das See- und Orientierungsfeuer Hörnum, das seit seiner Erbauung im Jahre 1907 auch Oberfeuer der Richtfeuerlinie zur Ansteuerung des Hafens Hörnum ist. Der Grund für die Anlage eines so großen Leuchtturms – er ist immerhin 35 Meter hoch, und sein Feuer trägt 20 Seemeilen weit – war die Verlagerung des Endhafens im Hapag-Seebäderdienst Hamburg-Sylt von Munkmarsch nach Hörnum. Auch dieser rot-weiße Turm wurde aus vorgefertigten gußeisernen Platten zusammengesetzt.

Heute werden fast alle Feuer an der Westküste Schleswig-Holsteins von der Revierzentrale in Tönning aus ferngesteuert. Im Verlaufe der 1970er Jahre verließen die letzten Leuchtturmwärter ihre ungewöhnlichen Arbeitsstätten.

Auf dem sogenannten Ellenbogen im Norden Sylts errichtete die dänische Seezeichenbehörde 1852 zwei kleine, eiserne Leuchttürme. Sie weisen heute noch die Einfahrt in das Lister Tief. Ihre Konstruktion ist typisch für kleinere Leuchtfeuerbauten der Zeit.

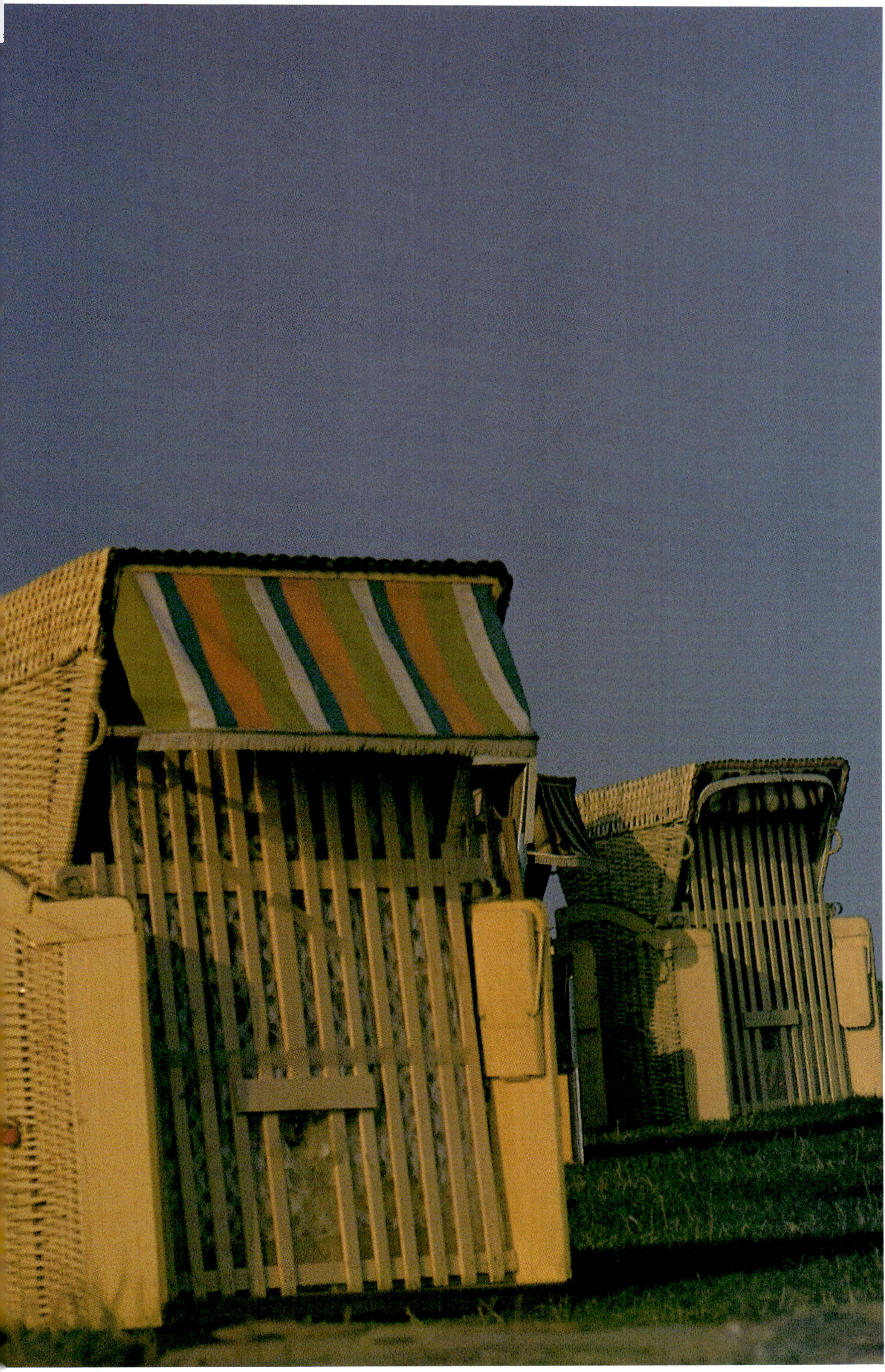

In den Jahren 1912/13 wurde in Büsum, dem kleinen Kutterhafen und Nordseebadeort, direkt hinter dem Deich ein 22 Meter hoher Leuchtturm errichtet, wie viele andere jener Zeit aus vorgefertigten gußeisernen Bauteilen. Sein weißes, rotes und grünes Licht dient heute als Richt- und Orientierungsfeuer.

Flankiert von zwei Wohnhäuschen für die allerdings seit 1978 abgezogenen Leuchtturmwärter erhebt sich auf einer Warft, einem künstlich angelegten Hügel, mitten in der Weite vor der Halbinsel Eiderstedt der Leuchtturm Westerheversand. Der 40 Meter hohe, 1906 bis 1908 auf 127 Pfählen erbaute, gußeiserne Turm sichert die schwierige Einfahrt in die Hever, einen ca. 30 Kilometer langen Gezeitenstrom, der die Zufahrt nach Husum bildet.

Als
erster Leuchtturm unter
deutscher Herrschaft im
ehemals dänischen
Nordfriesland wurde
1873/74 nach langem Hin
und Her der 41 Meter hohe
Steinturm von Amrum
errichtet. Er steht oben
auf der Großdüne, so daß
sein Feuer heute in einer
Höhe von 63 Metern
23 Seemeilen weit strahlt –
eine notwendige Navigationshilfe in dem wegen der
zahlreichen Untiefen und
Sände gefährlichen
Seegebiet um die Insel.

Nachdem die Hamburg-Amerika Linie (Hapag) ihren Seebäderdienst von Hamburg nach Sylt im Jahr 1901 von Munkmarsch nach Hörnum verlegt hatte, wurde an diesem Hafen im Süden Sylts 1906/07 ein 33 Meter hoher, gußeiserner Leuchtturm errichtet. Der Turm selbst gehörte zwar zu der größeren Serie dieser gußeisernen Leuchttürme, aber eine Besonderheit konnte er doch aufweisen: Bis 1930 war in einem seiner Geschosse die kleine Schule des Ortes untergebracht.

Der höchste Leuchtturm auf Sylt: der 40 Meter hohe Turm von Kampen, der schon 1855/56 von der dänischen Seezeichenbehörde erbaut wurde. 20 Seemeilen weit trägt heute sein Feuer aus einer riesigen Fresnel-Optik.

Auf dem „Ellenbogen“, heute ein Naturschutzgebiet im Norden Sylts, errichteten die Dänen 1852 zwei einander ähnliche, kleine Leuchttürme aus Eisen, die die Einfahrt in das Lister Tief anzeigen. List West, elf Meter hoch, ist heute weiß gestrichen und trägt eine rote Kuppel. List Ost, mit 14 Metern nur wenig höher, ist rot-weiß gemalt.

Obwohl mit dem Hafenzeichen von Travemünde, das wohl noch im Verlauf des späten 13. Jahrhunderts befeuert wurde, im Jahr 1226 das Leuchtfeuerwesen an den deutschen Küsten des „Hausmeeres" der aufstrebenden Hanse eingeführt wurde, lag die unübersichtliche Küstenlinie nach Norden in dieser Hinsicht auch weiterhin eher im Dornröschenschlaf. Dänemark, zu dem bis 1864 der größte Teil des heutigen Schleswig-Holstein gehörte, hatte mehr Wert darauf gelegt, die teure Einrichtung von Leuchtfeuern seinen Hauptschiffahrtswegen zugute kommen zu lassen, und das war einmal der Weg um Kap Skagen herum, der 1561 durch ein Feuer gesichert wurde, und ferner der Schiffahrtsweg durch das Nadelöhr Öresund, wo Wippfeuer oder ähnliche Bauwerke auf Anholt (1561), Kullen (1563, heute schwedisch), Falsterbo (um 1630, heute ebensfalls schwedisch), Læsø und Nidingen entstanden. Im Vergleich damit waren die Zufahrten nach Flensburg, Schleswig und Kiel relativ unbedeutend und blieben deshalb unbefeuert. Ferner muß man sich daran erinnern, daß ja fast nur tagsüber gesegelt wurde. Nachts ankerte man lieber an der hier überall zum Greifen nahen Küste. So ist es nicht weiter verwunderlich, daß die Errichtung von Leuchttürmen an Schleswig-Holsteins Ostseeküste fast ausschließlich im Gefolge der positiven Schiffahrts- und Technikentwicklung im 19. und frühen 20. Jahrhundert vorangetrieben wurde.

Der 1908/09 erbaute Leuchtturm Falshöft in der Flensburger Außenförde wurde 1910 als letztes Glied in der Leuchtfeuerkette am Schiffahrtsweg nach Flensburg entzündet. Sein Feuer in einer Höhe von 25 Metern trägt 18 Seemeilen weit. Wie einige Türme an der Westküste wurde er aus vorgefertigten gußeisernen Segmenten hergestellt, mit zwei offenen Galerien versehen und leuchtend rot-weiß gestrichen. Heute dient er als Orientierungs- und Quermarkenfeuer.

Die zerrissene Fördeküste macht die Zufahrt zu den Hafenorten, die meist am Ende der weit ins Land hineinreichenden Buchten liegen, navigatorisch schwierig. Ein besonders gutes Beispiel dafür ist die Schlei, deren heutige Mündung – die eigentlich keine ist – erst 1781 bis 1796 künstlich angelegt wurde. Damals durchstachen die Fischer von Maasholm, Kappeln und Arnis die dortige Barre, weil die älteren Zufahrten nicht mehr benutzt werden konnten. Auf der Mole von Schleimünde errichtete die Stadt Schleswig 1861 einen 15 Meter hohen Leuchtturm aus gelben Backsteinen, der noch immer in Betrieb ist, heute allerdings mit schwarz-weißen Ringen gestrichen. 14 Seemeilen weit strahlt sein Licht, das als Leit- und Orientierungsfeuer dient.

Der Schiffahrtsweg nach Kiel wurde ebenfalls schon in dänischer Zeit befeuert, vermutlich ab 1815. Die Leuchtturmbauten, die heute dort ihren Dienst versehen, sind allerdings alle jüngeren Datums. Besondere Bedeutung erhielt die Befeuerung der Kieler Förde, als die Stadt 1871 kaiserlicher Marinehafen wurde, und ein besonders fühlbarer Aufschwung der Schiffahrt trat nach der Eröffnung des „Kaiser-Wilhelm-Kanals", des heuti-

An der engsten Stelle der Kieler Förde sichert das Feuer von Friedrichsort die Navigation. Die alte Postkarte zeigt den 1866 errichteten, mehrfach umgebauten und erhöhten Turm, der 1971 durch einen Neubau ersetzt wurde. Das alte Laternenhaus steht heute in der Kieler Innenstadt.

gen Nord-Ostsee-Kanals, am 21. Juni 1895 ein. Der Kanal, der nun auch großen Schiffen (für kleinere hatte es ja schon Kanalbauten gegeben) und den „dicken Pötten“ der kaiserlichen Marine eine innerdeutsche Durchfahrt zwischen Ost- und Nordsee gestattete, wurde sowohl in Brunsbüttel als auch in Kiel-Holtenau mit Leuchttürmen versehen. Besonders markant ist das Molenfeuer auf der Nordseite der Holtenauer Schleuse, das ebenfalls 1895 entzündet wurde. Ein runder, brauner Ziegelturm erhebt sich bis zu einer Höhe von 20 Metern aus einer achteckigen Halle, der Drei-Kaiser-Gedächtnishalle. Das weiße Feuer, das aus einer Gürtel-Optik strahlt, trägt elf Seemeilen weit. Der architektonisch so ungewöhnliche Leuchtturm steht heute unter Denkmalschutz.

Mitten im Schiffahrtsweg zwischen Kieler Förde und Lübecker Bucht liegt die Insel Fehmarn. Die Schiffe müssen also ihren Weg durch den Fehmarnsund oder den Fehmarnbelt nehmen, beides Durchfahrten, die durch Flachs und Riffe gefährlich werden können. Deshalb ist die Insel auch seit dem Jahr 1832 mit fünf größeren Leuchtfeuern versehen worden: Marienleuchte (1832), Strukkamphuk (1854), Flügge (1872), Westermarkelsdorf (1881) und Staberhuk (1904). 1872 wurde der erste Leuchtturm von Flügge fertiggestellt, ein weißes Festfeuer von 13 Seemeilen Nenntragweite. Es diente als Oberfeuer für die Richtfeuerlinie im östlichen Fehmarnsund. Dieser 16 Meter hohe Turm ist mittlerweile verschwunden. Er wurde 1914/15 ersetzt durch den heute noch aktiven, 38 Meter hohen Turm, der seit 1916 in Betrieb ist, wiederum als Oberfeuer der genannten Richtfeuerlinie und als Orientierungsfeuer, nun allerdings mit einer Tragweite von 17 Seemeilen.

Als letztes der wichtigen Fehmarner Feuer wurde 1904 der Turm von Staberhuk in Betrieb genommen. Der aus gelben Backsteinen – heute ist die Westseite wegen der Verwitterungen mit rotem Ziegelmauerwerk verblendet – gemauerte, 22 Meter hohe Turm trägt übrigens die 2,41 Meter hohe Gürteloptik des „englischen“ Leuchtturms von Helgoland. Sie wurde dort nicht mehr benötigt, als man 1902 das neue Feuer installierte. Aber Optiken waren eben besonders wertvolle Gegenstände, und daher nahm man die Mühen des komplizierten Transports zur Ostsee auf sich.

Die Revierzentrale für die Fernsteuerung der Leuchtfeuer an Schleswig-Holsteins Ostküste befindet sich übrigens heute in Travemünde, und hier finden wir auch – wie schon mehrmals erwähnt – das älteste noch erhaltene Seezeichen an Deutschlands Küsten. Im großen Privileg Kaiser Friedrichs II. für Lübeck aus dem Jahr 1226 vermachte der Herrscher der Stadt unter anderem ein Grundstück in Travemünde, „wo ein Hafenzeichen gehalten wurde“. Man darf mit Sicherheit davon ausgehen, daß genau dieses Zeichen im Laufe des 13. Jahrhunderts nach flämischem Vorbild befeuert worden ist, denn in einer Kämmereirechnung von 1316 taucht ein „custos lucerne“ auf, ein Leuchtenwärter. Dieser erste deutsche Leuchtturm stand bis 1534, als er von dänischen Truppen zerstört wurde.

In Lübeck, mittlerweile „Königin der Hanse“, sah man die Notwendigkeit, die Einsteuerung in die Trave zu markieren, und schon 1539 wurde ein neuer Turm errichtet – und er steht heute noch. Bis 1972 strahlte das Feuer von diesem 31 Meter hohen Bauwerk, also 433 Jahre lang, ein weltweit beachtenswerter Zeitraum. Natürlich wurde die Technik mehrmals verändert, je nach dem Stand der Entwicklung, und auch der obere Turmteil ist nicht mehr im Originalzustand: Nach einem durch Blitzschlag verursachten Brand wurde er 1827 in klassizistischem Stil erneuert. 21 Seemeilen weit trug zuletzt sein weißes Leitfeuer. Selbstverständlich steht der alte Turm in Travemünde heute unter Denkmalschutz.

Doch die Moderne hatte das ehrwürdige Bauwerk eingeholt. In seiner Nähe wurde der 113 Meter hohe Komplex des Hotels Maritim errichtet, und 1974 wurde auf dessen Dach das neue Travemünder Feuer entzündet, ein Drehfeuer, das als Orientierungsfeuer dient. Mit 115 Metern Feuerhöhe, aber mit einer Nenntragweite von nur 19 Seemeilen ist das neue Feuer Travemünde zwar höchstes Leuchtfeuer Deutschlands, aber der Feuerträger ist ja nicht eigens als Leuchtturm konzipiert worden. So bleibt dem Gitterturm von Campen an der Ems noch immer das Prädikat „höchster deutscher Leuchtturm“.

Als einziger Leuchtturm an der Ostseeküste gehört der 24 Meter hohe Turm Falshöft zu der Serie der aus vorgefertigten gußeisernen Segmenten erbauten Türme. Seine Feuer leiten die Schiffe in der Flensburger Außenförde und warnen vor der Untiefe Bredgrund.

Die zerrissene Fördeküste im Osten Schleswig-Holsteins mit ihren relativ flachen Fahrwassern bereitet der Schiffahrt so manche Schwierigkeiten. Seit 1861 unterhielt die Stadt Schleswig daher auf der Mole von Schleimünde ein Leuchtfeuer. Umgebaut und im Laufe der Zeit mit unterschiedlichsten Anstrichen versehen, ist der Backsteinturm heute kunststoffummantelt und schwarz-weiß „gepönt".

Am Bülker Huk beginnt – von See aus gesehen – die Kieler Förde. Seit 1807 war diese Stelle befeuert, doch der heutige schwarz-weiße Turm ist erst zwischen 1863 und 1865 errichtet worden. Zunächst wurde er von Dänen begonnen, dann, nach dem deutsch-dänischen Krieg, von Preußen zu Ende gebaut. Das ursprünglich 27 Meter hohe Bauwerk wurde 1970 völlig umgestaltet und modernisiert. Dabei hat man es auch um zwei Meter verkürzt. Der Leuchtturm dient heute als Leit- und Quermarkenfeuer.

Ein kaiserliches Monument als Leuchtturm: Zur Einweihung des Nord-Ostsee-Kanals am 21. Juni 1895 wurde auf der Nordseite der Holtenauer Schleuse das Feuer in einem neuen, 20 Meter hohen Leuchtturm entzündet. Der Turm erhebt sich über einer kleinen Weihestätte, der „Drei-Kaiser-Gedächtnishalle“.

Die Insel Fehmarn ist seit 1832 nach und nach mit fünf größeren Leuchtfeuern versehen worden. An der Südwestecke, wo in älteren Zeiten das „Flügger Holz“ eine wichtige Landmarke für die Schiffahrt gewesen ist, wurde 1872 der erste Leuchtturm von Flügge errichtet, der 1914/15 durch den heute noch existierenden ersetzt wurde. Er sichert die westliche Einfahrt in den Fehmarnsund.

Die Südostecke Fehmarns erhielt erst 1903/04 ein Leuchtfeuer, den Turm Staberhuk. Zwei Besonderheiten prägen ihn: Zum einen besteht seine Ostseite noch aus den originalen gelben Ziegeln, während die Westseite wegen Witterungsschäden mit roten verblendet ist. Zum andern trägt er das Laternenhaus und die 1875 installierte riesige Optik des „englischen" Leuchtturms von Helgoland. Als der neue Helgoländer Leuchtturm 1902 seinen Betrieb aufnahm, transportierte man die wertvolle Installation des alten Turms kurzerhand nach Fehmarn.

Sicherlich nach Lübecker Vorbild versahen die neu gegründeten Hafen- und Hansestädte der südlichen Ostseeküste, welche vor allem aus sicherheitspolitischen und verkehrsgeographischen Gründen häufig an schiffbaren Flußläufen etwas im Landesinnern lagen, ihre Zufahrten zunächst mit Hafenzeichen, die später befeuert wurden. Die – von See aus gesehen – relativ ungegliederten, also schwierig zu identifizierenden Küstenlinien der mecklenburg-vorpommerschen Lande einerseits und die flachen Küstengewässer mit einer Vielzahl von Sänden, Riffen und Barren andererseits machten die Schiffahrt gefährlich.

Schon 1306 sagte der Abt des 1296 auf Hiddensee gegründeten Nicolai-Klosters den Stralsundern zu, das von ihnen auf der Insel zur Kennzeichnung der Zufahrt in den schmalen Strelasund errichtete Leuchtfeuer „ewig zu betreuen“. Dies bei Gellen unterhaltene Feuer scheint wirklich jahrhundertelang gebrannt zu haben. Durch Kämmereirechnungen und andere Aktenunterlagen kennen wir eine Kerzenlaterne in Warnemünde (1348), Leuchtfeuerbauten in Weichselmünde vor Danzig (1482) und Köslin in Pommern (1532). Die Entwicklung ist nicht gerade stürmisch zu nennen, doch war sie einigermaßen konsequent – und setzte sehr viel früher ein als an der Nordseeküste. Ein wirklicher Ausbau der Befeuerung fand aber auch hier erst im 19. und 20. Jahrhundert statt.

Auf der kleinen Insel Poel in der Wismarer Bucht scheint bei Timmendorf schon um die Mitte des 19. Jahrhunderts ein Leuchtseezeichen gestanden zu haben. Jedenfalls berichten Zeitungen von 1871, daß die Feuerbake abgebrannt sei. Der noch heute aktive Leuchtturm Timmendorf ist 1872 errichtet worden. Das ursprünglich 17 Meter, seit 1931 21 Meter hohe Bauwerk dient als Leit- und Quermarkenfeuer der Ansteuerung von Wismar.

Die Hansestadt Rostock hatte – wie erwähnt – die Einfahrt in die Warnow, durch die sie mit der Ostsee verbunden ist, schon im 14. Jahrhundert durch ein Leuchtfeuer angezeigt. 1487 ist diese „Laterne“ von mecklenburgischen Soldaten zerstört worden, sie wurde jedoch einige Jahre später erneuert. Wahrscheinlich hat man gegen Ende des 16. Jahrhunderts dann einen ganz neuen Turm errichtet, doch sind die Informationen darüber vage. 1836 versah man Warnemünde dann mit einer Ziehlaterne, die bis zum Bau des heutigen Seefeuers Warnemünde 1897/98 in Betrieb war. Der heutige 31 Meter hohe Turm mit seiner etwas maurisch anmutenden Architektur trägt eine große Fresnelsche Gürtellinse, das Feuer hat eine Nenntragweite von 20 Seemeilen.

Zwischen der dänischen Insel Falster, deren südlicher Zipfel, Gedser, weit in Richtung auf die deutsche Küste vorspringt, und der heute hakenförmigen Halbinsel Darß verläuft eine relativ schmale Fahrrinne, die sogenannte Kadet-Rinne, die zusätzlich durch Riffs und Sände verengt wird. Schon 1802 hatte deshalb Dänemark bei Gedser einen Leuchtturm errichtet. Die deutsche Seite folgte erst um 1830 mit der Feuerbake am Darßer Ort, der Stelle, an der die Halbinsel „umknickt“. Diese Bake war offenbar nicht leistungsstark genug, und so erbaute man 1847/48 den heute noch aktiven, 35 Meter hohen Leuchtturm Darßer Ort aus roten Ziegeln. Bemerkenswert ist, daß dieser Turm – als zweiter in Deutschland nach Brüsterort bei Königsberg – mit einer Fresnel-Optik ausgestattet wurde. Das Drehfeuer hat heute eine Tragweite von 20 Seemeilen.

Wie Fehmarn weiter westlich, so liegt die größte deutsche Insel, Rügen, eigentlich mitten in einem Schiffahrtsweg. Sie erschwert die Zufahrt nach Stralsund und zwingt unter Umständen die Schiffe, die nach Danzig und weiter nach Osten bestimmt sind, zu einem weiten Bogen nach Norden. Bei Tage sind Rügens bewaldete Höhenzüge, vor allem die Kreidefelsen im Norden, gut zu erkennen. Für die Nachtfahrt aber war eine Befeuerung notwendig, so wie sie auf der Rügen im Westen vorgelagerten Insel Hiddensee schon 1306 nachzuweisen war. Die meisten Leuchttürme auf Rügen liegen an der Nordostküste, um den vorbeifahrenden Schiffer in respektvoller Entfernung von den gefährlichen Küstenvorfeldern zu halten.

Auch das heutige Seefeuer auf Hiddensee, der Leuchtturm Dornbusch, liegt auf dem nördlichen Ende der Insel, nicht mehr im Süden, wie einst das zur Ansteuerung Stralsunds wichtige Feuer Gellen. 1888 wurde der 28 Meter hohe Ziegelbau auf der 72 Meter in die Höhe ragenden Nordspitze der Insel errichtet. Das Drehfeuer hat eine Tragweite von 21 Seemeilen.

Die bedeutendsten Leuchtturmbauten auf Rügen selbst sind zweifellos die beiden Türme von Arkona. Das 46 Meter hohe Kap Arkona, auf dem sich schon in heidnischer Zeit Heiligtümer und eine Befestigung befanden, beherrscht den Norden der Insel. Heftig nagt die Ostsee an seiner Steilküste, so daß sie immer mehr abbricht. Schon im 18. Jahrhundert soll hier eine Feuerbake die Seefahrer gewarnt haben; genaue Nachrichten fehlen aber. Im Jahr 1826/27 wurde dann nach Plänen des berühmten klassizistischen Architekten Preußens, Karl Friedrich Schinkel, ein Leuchtturm auf dem Kap errichtet. Schinkel orientierte sich dabei an den Vorstellungen, die seinerzeit über den Pharos von Alexandrien herrschten. Das dreigeschossige, viereckige und 21 Meter hohe Ziegelbauwerk mit streng gegliederten Fassaden erhielt zunächst 17 Argand-Lampen, doch das Feuer wurde später verstärkt, so daß es eine Tragweite von 21 Seemeilen erreichte.

Im Jahr 1901/02 wurde direkt neben dem Schinkel-Turm ein neuer, 35 Meter hoher Leuchtturm errichtet, dessen Blitzfeuer 1905 das Feuer des alten Turms ersetzte. Dieses neue Feuer – ebenfalls ein Seefeuer – entwickelt mit seiner Scheinwerferlinse eine Tragweite von 22 Seemeilen.

Ein wenig östlich von Kap Arkona liegt auf der Halbinsel Jasmund die wohl bekannteste Attraktion Rügens, die über 100 Meter hohen Kreidefelsen der Stubbenkammer. Auch diese gewaltige Steilküste ist mit Leuchtfeuern versehen, deren Bauwerke von Land aus allerdings kaum zu entdecken sind. Nordöstlich und südwestlich des Königsstuhls kleben 55 Meter über dem Meer zwei nur rund sechs Meter hohe Türmchen am Abhang: die Feuer von Ranzow und Kollickerort. 14 Seemeilen beträgt die Nenntragweite dieser Orientierungsfeuer, die dem Seefahrer trotz der geringen Abmessungen der Bauwerke wegen ihres hohen Standorts von demselben Nutzen sind wie anderswo veritable Türme.

Östlich von Rügen und nordöstlich von Peenemünde liegt am Rande des Greifswalder Boddens das Inselchen Greifswalder Oie, ein beliebtes Ausflugsziel. Wegen der durch Sandbänke erschwerten Zufahrt nach Greifswald wurde hier 1832 eine eiserne Leuchtbake errichtet, die eine Ziehlaterne trug. Dies zehn Meter hohe Bauwerk mit der seinerzeit schon längst überholten Lichttechnik wurde 1855 durch einen 39 Meter hohen, zunächst runden, heute achteckigen Steinturm ersetzt. Bis 1914 wurde durch Argand-Lampen ein Drehfeuer erzeugt, dann erhielt der Turm die größte bis dahin in Deutschland hergestellte Optik, eine Drehlinse von zwei Metern Höhe und 90 Zentimetern Brennweite. Mit seiner imponierenden Tragweite von 26 Seemeilen beherrscht das Seefeuer Greifswalder Oie das gesamte Seegebiet zwischen Rügen und Usedom.

1841 legte Preußen – später als die anderen Ostseeanrainer – mit „Preußens See-Atlas" die ersten eigenen Seekarten vor. Im Einleitungsband sind alle damals an Preußens Ostseeküste vorhandenen Leuchtfeuerbauten abgebildet. Arkona besitzt schon den schönen Schinkel-Turm von 1826/27 (links). Zur Sicherung der Schiffahrt im Greifswalder Bodden wurde 1832 auf der Greifswalder Oie eine zehn Meter hohe Leuchtbake errichtet, ein pyramidenförmiges Eisengerüst. Es wurde 1854/55 durch einen Leuchtturm ersetzt.

Auf der Westseite der kleinen Insel Poel in der Wismarer Bucht liegt der Fischerort Timmendorf. Zur Sicherung der Schiffahrt nach Wismar wurde 1872 als Nachfolger eines älteren Bauwerks der heutige Leuchtturm errichtet, als Mittelstück des Leuchtturmwärterhauses. Allerdings ist er nur 17 unzureichende Meter hoch. Daher wurde der Turm 1930 um vier Meter erhöht. Nun kann man jedoch die Galerie und das Laternenhaus nur über eine Außentreppe erreichen.

Als Vorhafen von Rostock hatte Warnemünde schon seit dem 14. Jahrhundert große Bedeutung. Die Einfahrt in die Warnow, den Schiffahrtsweg in die Hansestadt, markierten seit mindestens 1348 verschiedenartige Leuchtfeuer. Der heutige Leuchtturm Warnemünde, 31 Meter hoch und mit einem Feuer von 20 Seemeilen Tragweite, wurde 1897/98 errichtet. Mit seiner eigenartigen Architektur gehört er zu den markantesten Leuchttürmen der Ostseeküste.

Darßer Ort, roter, runder Turm mit brauner Kuppel (35 Meter) neben dem Wärterhaus". So knapp liest sich in einem neueren Leuchtfeuerverzeichnis die Beschreibung des 1847/48 errichteten Turms auf der Halbinsel Darß. Das Feuer ist Navigationshilfe für die gefährliche Durchfahrt zwischen der dänischen Insel Falster mit dem weit vorspringenden Gedser-Riff und der deutschen Küste.

er letzte Leuchtturmwärter

nz ist in Deutschland der letzte
tzt verläßt er den 110 Jahre alten
ensee und geht in den Ruhestand

SSLER

iddensee
, dann 40
male Stie-
at Walter
gemacht.
e Leucht-
hlands in

ger Tag,
en seiner
meinen.
r ihn war
er andere.
wicklung
gemacht.
, bemerkt
tern, der
ensionsal-

h für ein
Tage: als
re Türme
he Funk-
l die ins
Lichtar-
hiffe vor
en warn-
sitzt auch
r Naviga-
turmwär-
Nostalgie."
chterung
tun, fügt
d hinzu:
den Beruf
hieß es
später
nist."
rnter Ma-
r und
Werft in
gebürtige
weißer ge-
te er von
der Insel.
in Höhe
die gute
e Platz für
größernde
Ausschlag
chsel.
Eheleute
ben in die
malerisch
s 23 Meter
zes. Dort
e Jungen
ende sind
alter Hoe-

hatte das
allerdings

des 1888 konstruierten Turms bei Sonnenuntergang noch mit der Hand entzündet. Bei Sturm mußten Kegel, bei Nebel Lichtsignale gesetzt werden. Bereits seit 20 Jahren Vergangenheit. Denn Ende 1978 brach das Zeitalter der Elektrifizierung an. Der Turm sendete aus einer 2000 Watt starken Lampe das rund 21 Seemeilen schimmernde Licht automatisch. Deswegen wurden überall an der Ost- und Nordsee die leuchtenden Kollegen „entmannt".

Aber Hoerenz Qualifikation und Erfahrung überzeugte das zuständige Wasser- und Schiffahrtsamt in Stralsund, den „letzten Mohikaner" weiterzubeschäftigen. Er putzt und wartet die Aggregate, allen voran die mehr als 100 Jahre alte Optik des weißen Turms. „Der Leuchtturm hat uns ernährt – bis zum Schluß", sagt Hoerenz, der in 37 Dienstjahren nur einen Monat krank war, erleichtert. Die meisten Hiddenseer, die auch zu DDR-Zeiten von der Bettenvermietung lebten, blickten mit Neid auf dieses feste, saisonal unabhängige Arbeitsverhältnis.

Vieles hat sich in den fast vier Jahrzehnten auf der autofreien Insel verändert. Den spürbarsten Einschnitt brachte die Wende – auch für den Turm.

Denn seit September 1996 ist das Bauwerk auch öffentlich zugänglich. Damit strömen in der Hauptsaison Tausende von Touristen täglich der höchsten Kuppe Hiddensees entgegen. „Schlimmer als jede Sturmflut", resümiert Hoerenz. Das Leben habe an Beschaulichkeit verloren, die Preise explodieren. „Die Überfahrten vom Festland sind inzwischen so teuer, das unsere Kinder immer seltener spontan auf Besuch kommen", bedauert die vierfache Mutter. Auch deswegen will das Ehepaar sich für immer vom Inselleben verabschieden. „Jetzt haben wir noch die Kraft für einen Neuanfang", sagt Ingeborg Hoe-

Blinder Junge mit Schmetterlingen im Bauch

P.B. Hamburg

Im English Theatre hat am 30. April Leonard Gershes Stück „Butterflies are free" („Schmetterlinge sind frei") Premiere.

Ein Mädchen aus nicht gerade feinen Kreisen lehrt einen blinden jungen Mann neuen Lebens- und Liebesmut. Sehr zum Entsetzen der piekfeinen Frau Mama, die den Sohn gar nicht mal so ungern in der Abhängigkeit von sich und ihrer Mutterliebe sieht. Das Duell der Frauen um den Sohn beginnt, und der Zuschauer darf lächeln und zugleich nachdenken über allzu viel Fürsorge in unser aller Beziehung zu behinderten Menschen. Auch zu viel Nachsicht kann schädlich sein …

Landschaftsbilder und Stilleben im Kloster Cismar

KB Cismar

Das Kloster Cismar zeigt vom heutigen Sonntag bis zum 12. Juli eine Doppelausstellung norddeutscher Künstler. Zu sehen sind Landschaftsbilder von Hinrich Wrage (1843–1912) und Arbeiten der in Hamburg lebenden Malerin Gisela Bührmann.

Wrage zählt zu den herausragenden norddeutschen Künstlern zwischen spätem Realismus und Freilichtmalerei. Erstmals vollständig gezeigt wird eine Sammlung von 123 Ölstudien Wrages aus einer privaten Schenkung. Gisela Bührmann ist mit ihren malerisch reichen Stilleben vertreten. Die Ausstellung ist täglich außer montags von 10 bis 17 Uhr geöffnet.

PREMIEREN-RÄTSEL

Auftrags-Arbeit für österreichischen Film-Star

Von PAUL BARZ

Hamburg

Im Mittelpunkt des heutigen Premieren-Rätsels steht ein Schauspiel, das ein deutscher Dichter fern der Heimat schrieb.

Zweiter Weltkrieg – auch eine Zeit der Flüchtlinge. Viele kommen in die USA. Das riesige Land bietet genug Platz und Arbeitsstellen, vor allem in der boomenden Rüstungsindustrie.

Künstler haben es allerdings schwer, sich in das Gastland zu integrieren. Viele zieht es nach Hollywood. Es kommt zu mancher geradezu grotesken Rollenverkehrung. Eben noch weltberühmte

Kaiser ist der Prinz von damals …

Was jetzt daraus wird, nimmt sich allerdings recht anders aus. Nun geht es um eine arme Magd und die reiche Frau eines Provinzgouverneurs. Als Feinde über die Grenze dringen, sind der Dame ihre Kleider wichtiger als ihr Baby. Die Magd nimmt sich des Kindes an. Und wiederum bricht später ein Streit darum aus. Wieder soll einer urteilen, wer sich rechtens Mutter nennen darf.

Star-Rolle dieser Version ist natürlich die Magd. Und gerade mit ihr ist der Autor wenig glücklich. Weil sie ihm so penetrant edel und makellos gelingt. Also führt er eine andere Gestalt ein, einen

ANDREAS LAIBLE

Jeden Monat ein neues Bild: Der 33jähr

Kunst

Jeden M

Tilman

Bis h

Von KATRIN BURSEG

Hamburg

Sieben kleine Pappschachteln reihen sich auf der Fensterbank des Wohnateliers von Tilmann Knop. Ihr Inhalt: sieben mal sieben Zentimeter große „Commercials" – graphische Unikate, die in poppigen Collagen und kuriosen Texten Hintersinniges vermitteln. In ihrer Form ähneln die Werke traditionellen Tafelbildern: Auf einen Holzblock wird ein Stück Stoff gespannt und mit dem jewei-

gen Abständ auch die Zah so weit ange von „seinem um" spreche und Amste Kunstwerke v senten für 10 stellen könne

Walter Hoerenz, 64, vor dem Leuchtfeuer von Hiddensee

RETO KLAR

renz.

In vier Tagen unternimmt Walter Hoerenz den letzten dienstlichen Gang auf den mit knorrigen Kiefern und Sanddornsträuchern bewachsenen Berg.

Und dann beschleicht den fast Pensionär doch ein bißchen Wehmut und Sentimentalität. „Es ist der schönste Arbeitsplatz, den es in Deutschland gibt", sagt er und blickt gedankenverloren in den Himmel zur roten Kuppel. Dann senkt er den Kopf, nur ein wenig, und kehrt dem Leuchtturm den Rücken.

Hamburger Tilman Knop zeigt vier Siebdrucke aus seiner Serie „Commercials“

m Abonnement

nat verschickt der Hamburger Maler op einen Siebdruck an Kunstfreunde. e sind rund 500 Bilder entstanden

eue Motive, und Abonnenten ist hsen, daß Knop ıen Massenmedi-n. Bis nach Paris werden die nickt, die Interes-rk im Monat be-

Der Serientitel „Commercials“ ist eine Anspielung auf die Medienwelt. An einer Wand hängend, wirken die Bildchen wie ein Werbeclip. „Allerdings nerven sie in der Häufung nicht so wie die echten“, findet der Künstler, „je mehr es davon gibt, desto besser.“

Angst, daß seine Arbeit durch die Abonnements-Verpflichtung in

Trotz der Serien-Produktion ist jedes Bildchen anders als das vorherige – nur das Format bleibt gleich. Zudem führt der Hamburger eine Liste mit Nummer, Datum, Titel und Foto der „Commercials“, um Wiederholungen zu vermeiden. „Auf diese Weise umgehe ich die Gefahr, daß der Abonnent beispielsweise vier ‚Sonnenuntergänge‘ bekommt“, so Knop. „Die Serie soll variantenreich sein und möglichst die gesamte Palette abdecken.“

Rund 300 „Commercials“ befin-

Georgette Dee trifft „Helden“ in der Wüste

hv **Hamburg**

Chansonette Georgette Dee und ihre Band sind heute abend um 19 Uhr und morgen abend um 20 Uhr mit ihrem neuen Programm „Helden“ im Schmidts Tivoli zu sehen.

Frau Dee tritt diesmal als Wirtin einer Imbißbude in der Wüste auf. An ihrer kleinen Oase ziehen im Laufe des Abends Könige, Ritter und andere „Helden“ vorbei, die sie mit ihren Balladen, Chansons und Liedern begleitet. Karten unter Tel. 040/31 77 88 99.

Konzert für Steptanz, Cello und Marimba

KB **Hamburg**

Die Galerie Rose, Großer Burstah 36, präsentiert am kommenden Dienstag um 20 Uhr ein musikalisches Porträt der amerikanischen Komponistin Lois V. Vierk.

Das Ensemble L'art pour l'art und die Steptänzerin Rhonda Pierce interpretieren verschiedene Stücke der Komponistin für E-Gitarre, Flöte und Schlaginstrumente. Höhepunkt des Abends ist die Aufführung des Stückes „Twister“ für Steptänzer auf einem Tap-Dance-Instrument mit Cello und Marimba-Trommel. Karten unter Tel. 040/36 56 36.

„S.ave O.ur S.ouls“ in der Speicherstadt

hv **Hamburg**

Wegen des großen Erfolges wird am kommenden Donnerstag um 21 Uhr der Lese- und Liederabend „S.ave O.ur S.ouls“ im Foyer der „Titanic“-Ausstellung

Schiffermissionar Werner Badczong, 51, hilft kräftig mit

te. Der Klage seiner Kollegen über den oft nur spärlich besuchten Kirchengottesdienst kann sich Badczong nicht anschließen. „Mehr als 50 Prozent der 150 Plätze sind jeden Sonntag besetzt“, sagt Badczong und fügt hinzu: „Die Menschen brauchen uns – und wir die Menschen.“ Jedem, der für das kirchliche Unikat etwas übrig hat, verspricht der Pastor ein persönliches Gespräch. „Ich lade jeden ein. Es ist auch immer ein gekühlter Schluck im Haus.“

Spenden an: Die Ev. Darlehnsgenossenschaft Kiel, BLZ: 21 06 02 37, Konto-Nr. 4 07 38, Stichwort: Flußschifferkirche. Spendenbescheinigungen werden ausgestellt.

nur wenig zu Entbehrungen net. Geradezu lebte die sechs lie. „Kein fließ dafür aber ein dem Hof“, erin borg Hoerenz. chen der Insel Lebensrhythmu meinsam an d Mannes tat Inge 27 Jahre lang im Turm – bis 1 Nacht. Akribisc zwei Stunden hältnisse in ei eingetragen, da

RETO KLAR (2)

Die Flußschifferkirche liegt auf der Julius Grube-Werft am Moorfleeter Deich 20

Flußschifferkirche braucht 145 000 Mark für Renovierung

Gebete des Pastors reichen nicht

Von ASTRID GEISSLER

Hamburg
Er hat Stoßgebete gen Himmel gesandt – jetzt sucht der Geistliche auch die irdische Hilfe. Pastor Werner Badczong bittet für die derzeitige Renovierung der bundesweit einzigen schwimmenden Kirche um Spenden.

„Die Lage ist ernst, aber nicht hoffnungslos. Die Hamburger halten ihre Flußschifferkirche schon über Wasser", sagt der Schiffermissionar zuversichtlich.

Alle vier Jahre muß Gottes Schleppkahn routinemäßig zur Landrevision: Der Schiffsrumpf wird gereinigt und konserviert, schadhafte Teile ausgetauscht, die Holzkirche neu gestrichen. Die für die Generalüberholung vorgesehenen Kosten in Höhe von 85 000 Mark waren bereits zusammengespart. Aber dieses Mal wurden beim weltlichen TÜV für die christlichen Schiffsplanken größere Schäden entdeckt. „Wir müssen noch einmal 60 000 Mark aufbringen", sagt der Seelsorger.

Das Problem versteckte sich hinter der Holzverschalung der Bordwände. „Die Stahlwände waren löchrig wie ein Schweizer Käse", sagt Küster Kresten Schulz, technischer Leiter. Diese Mängel hätte man allenfalls erahnen, aber auf keinen Fall wissen können. „Dieser finanzielle Kraftakt muß jetzt gelingen, denn damit sichern wir den Fortbestand der hölzernen Kirche für rund weitere 30 Jahre", sagt der Pastor energisch. Mehr als 60 Bittbriefe hat der gebürtige Hamburger in dieser Woche an hanseatische Geschäftsleute losgeschickt. Jetzt gilt nur noch ein Prinzip: Hoffnung.

Inzwischen sind die größten Schäden am Bibelschiff behoben, die Backbordseite komplett erneuert. Auf Reparaturen, die ausschließlich der Schönheit dienen, verzichtet der Gottesmann – ohne Wehmut. „Man muß schon wissen, was man will. Wir wollen uns auf das Wesentliche konzentrieren", sagt Badczong und ordnete kurzerhand an, die defekte Leuchtanlage mit dem Schriftzug „Ev.-luth. Flußschifferkirche" abzuschrauben. Sein Kommentar: „Es kommt doch nicht darauf an, was drauf steht, sondern was drinne steckt."

Der Countdown für die größte Instandsetzungsmaßnahme in der Geschichte der Flußschifferkirche läuft. Denn genau in einer Woche soll das Kleinod wieder vom Stapel laufen – rechtzeitig zum Hafengeburtstag. Dann ist das Gottesschiff von Bug bis Heck auf Liebe eingestellt. Neben Gottesdiensten für Verliebte gibt es am Baumwall eine Ausstellung zum Thema Taufen.

Eingeweiht wurde der Gottes-Kahn mit Glockenturm und Kreuz am 7. Dezember 1952. Damals charterte die Landeskirche den Leichter „Omgus WK 6" der ehemaligen Reichswehr für eine Mark pro Monat. 1962 wurde er für 5500 Mark gekauft. Werner Badczong ist seit 1989 Flußschiffermissionar. Seitdem hat sich die schwimmende Gemeinde ständig vergrößert, von 350 auf rund 600 Mitglieder. Rund

D

Walter Ho
seiner Zunft
Turm auf H

Von ASTRID

72 Meter berg
Stufen und zwei
gen. 37 Jahre la
Hoerenz diesen
Jetzt geht der
turmwärter De
den Ruhestand.
Ein denkwi
auch für den
Zunft, könnte
Aber weit gefehl
es ein Beruf wie
„Die technische
hat uns überflü
Das ist die Real
der 64jährige
in vier Tagen se
ter feiert.
Er selbst häl
Relikt vergange
die Wärter un
noch eine wi
tion erfüllten
Dunkel greifen
me nachtblind
gefährlichen K
ten. „Inzwische
der kleinste K
tionsgerät. Le
ter sind heut
Und um der
völlig Genüge
Hoerenz erkl
„Eigentlich gib
gar nicht. Ei
Leuchtfeuerwä
Leuchtfeuerma
Er selbst ist
schinenbauschl
Elektriker. Auf
Stralsund hat
Demminer als
arbeitet. Dann
der freien Stell
Weniger das G
von 846 Mark.
Seeluft und der
die sich ständig
Familie gaben
für den Wohno
1961 zogen
mit zwei kleine
Dienstwohnung
gelegen am Fuß
hohen Arbeits
kamen zwei
zur Welt. „Die
eben lang", ste
renz fest.
Mit Roman

Die Insel Hiddensee liegt westlich von Rügen, langgestreckt in nord-südlicher Richtung. Im Süden der Insel hat schon 1306 bei Gellen ein Feuer die Einfahrt in den Strelasund, die Zufahrt nach Stralsund, gewiesen. Der Leuchtturm Dornbusch, ein 28 Meter hoher Ziegelbau (1994 neu angestrichen), wurde 1888 auf der 72 Meter hohen Nordspitze der Insel erbaut (hier im Bild). Die Route nördlich um Rügen herum war inzwischen wichtiger geworden.

Die bedeutendsten Leuchtfeuerbauten auf Rügen sind zweifellos die beiden Türme von Arkona, dem 46 Meter hohen Kap im Norden der Insel. Karl Friedrich Schinkel hatte die Pläne für den klassizistisch strengen, viereckigen Alten Turm entwickelt, einen 21 Meter hohen Ziegelbau. 1901/02 wurde direkt daneben ein 35 Meter hoher, runder Ziegelturm errichtet, das heutige Seefeuer Arkona. Dieser Turm war von 1980 bis 1992 zum Gespött der Seeleute geworden: „Ringelsocke“ nannte man ihn wegen seiner in Deutschland einmaligen Bemalung mit schmalen schwarzen und roten Streifen. Nach einer Restaurierung trägt er heute wieder die originale Ziegelfarbe.

Den Eingang zum Greifswalder Bodden beherrscht seit 1855 der heute 39 Meter hohe Ziegelturm mit einer riesigen Drehlinse auf der kleinen Insel Greifswalder Oie. Der ursprünglich runde Turm wurde um 1890 aus Stabilitätsgründen ummantelt und ist seither achteckig.

Kaum jemand an Land weiß, wie der Dienstbetrieb im Leuchtfeuerwesen in älteren und neueren Zeiten wirklich aussah; dennoch verbindet man im allgemeinen mit dem Leuchtturmwärter eindeutige Vorstellungen: Einsam und abgeschieden, monatelang ohne Kontakt mit der Außenwelt, die freie Zeit mit dem Basteln von Seemannsarbeiten verbringend, ständig den Elementen ausgesetzt und von ihnen bedroht, verrichtet der wettergegerbte Alte treu und zuverlässig seine eintönige Arbeit. Dabei ist er stets voller Sorge um die unbekannten Seeleute, die draußen in dunkler Nacht, nur seinem Licht vertrauend, dem Hafen zustreben. Früher geschah ab und zu auch etwas, was diese Vorstellungen zu bestätigen schien, wie z. B. die Rettung der Schiffbrüchigen der Forfarshire im Jahr 1838. Das Schiff, das schon beim Auslaufen mit einer Boiler-Leckage zu kämpfen hatte, scheiterte in einem furchtbaren Sturm an einem Felsen der Farne Islands, und nur wenige Passagiere und Besatzungsmitglieder konnten sich auf das Riff retten. Am nächsten Morgen erkannte Grace Darling, die Tochter des Leuchtturmwärters auf Farne Island, die Schiffbrüchigen und ruderte – trotz des immer noch anhaltenden Sturms – hinüber. Alle Überlebenden konnten gerettet werden, Grace Darling wurde als Heldin gefeiert und auf einer Reihe von Gemälden verewigt, so auch auf einem Bild des Marinemalers Thomas Musgrave Joy. Solche Geschichten trafen die Herzen des Publikums, denn sie entsprachen den gängigen Klischees vom Beruf des Leuchtturmwärters. Die Vorstellung, daß Leuchtturmwärter bestimmte Charaktereigenschaften besitzen und ihren Dienst in nahezu völliger Isolation verrichten müssen, ist so verbreitet, daß sie die Grundlage für unzählige Leuchtturmwärterwitze bildet.

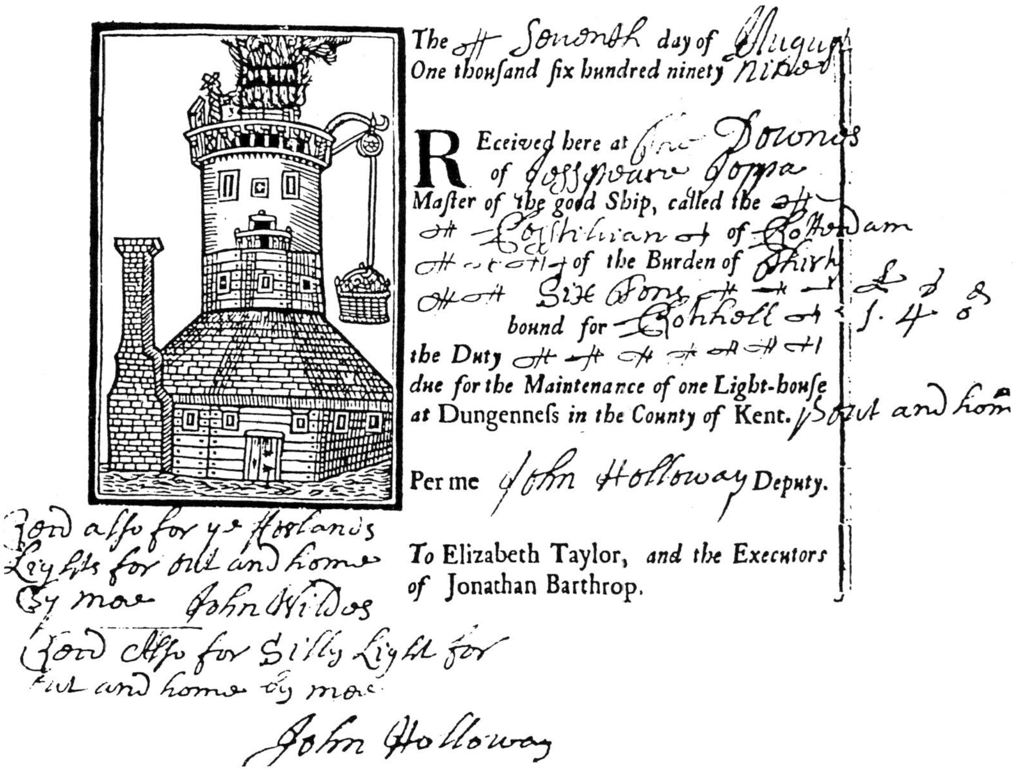
The Seventh day of August
One thousand six hundred ninety Nine
Received here at the Downes of Jossevare Poppe
Master of the good Ship, called the Cornelian of Rotterdam
of the Burden of Thirty Six Tons
bound for Rotterdam
the Duty
due for the Maintenance of one Light-house at Dungeness in the County of Kent. Out and home £ 1. 4. 0
Per me John Holloway Deputy.
To Elizabeth Taylor, and the Executors of Jonathan Barthrop.
Recd also for ye Hollands Lights for out and home by me John Wildes
Recd also for Silly Light for out and home by me
John Holloway

Die Realität sah und sieht indessen ganz anders aus. Fast alle deutschen Leuchtfeuer sind z. B. trockenen Fußes zu erreichen, so daß die Wärter damals ihren Arbeitsplatz bequem von ihrer Wohnung aus aufsuchen konnten. Nur wenige Türme, wie etwa der Rotesand-Leuchtturm, bildeten eine Ausnahme. Allerdings war die Lage an manchen Küsten anders, so auf den britischen Inseln oder im Nordosten der USA. Hier liegen in der Tat einige Türme auf Klippen, so daß sie früher mitunter kaum zu erreichen waren. Heute hat sich diese Situation insofern völlig verändert, als alle diese Türme fernbedient werden oder automatisch funktionieren.

Die Arbeit der Leuchtturmwärter war im Laufe der Zeit von der jeweiligen Feuertechnik und den verwendeten Brennstoffen abhängig geworden. Denn Hauptaufgabe war natürlich stets die Sorge um ein reibungsloses Funktionieren der Leuchtquellen. Erst im 19. und 20. Jahrhundert kamen andere Arbeiten hinzu.

Solange die Leuchtfeuer mit Schilf, Holz, Torf oder Kohle unterhalten wurden, war das Heranschaffen des Brennmaterials die aufwendigste Tätigkeit der Wärter. Über das Feuer von Brielle in Flandern wissen wir aus dem 16. Jahrhundert, daß jede Nacht zwei Feuerwärter das offene Herdfeuer mit Blasebälgen anfachen mußten, damit es möglichst hell aufloderte und weithin sichtbar war. Auch das Versorgen der vier Steinkohlenblüsen an der deutschen Nordseeküste erforderte viel körperliche Arbeit. Als die Blüsen noch nicht ganzjährig brannten, verbrauchten die Feuer auf Helgoland und Neuwerk ungefähr 180 Tonnen Kohle im Jahr. Bei durchgehendem Betrieb, seit 1800 befeuerte man zwölf Mona-

Eine „Feuergeld-Quittung" von Dungeness an der englischen Südküste aus dem Jahre 1699 zeigt nicht nur den Turm, sondern auch einen Feuerwärter bei der Arbeit. Die vielen benötigten Kohlen mußten mühsam mit dem Korb nach oben gehievt werden.

te hindurch, steigerte sich der Brennstoffbedarf auf ungefähr 1 000 Tonnen im Jahr. Die kleiner geplante Borkumer Blüse von 1780 verbrauchte im Durchschnitt 220 bis 365 Tonnen Kohle pro Jahr, und der Blüsenmeister oder Blüser berichtete aus seiner Erfahrung, daß das Feuer pro Nacht folgende Mengen Kohle verbrannte: bei Windstille 400 kg, bei mäßigem Wind 500 kg und bei stürmischem Wind bis zu 750 kg. Bei solchen Mengen, die ja stets in die Höhe transportiert werden mußten, ist es selbstverständlich, daß eine Blüsenmannschaft aus mehreren – kräftigen – Personen bestehen mußte.

Die Arbeit war nicht ungefährlich, denn manchmal griff das Feuer trotz aller Vorsicht um sich. Fast könnte man sagen, daß die Blüsen mit einer gewissen Regelmäßigkeit abbrannten. Vielleicht war es hin und wieder sogar ein „warmer Abbruch", denn die Leuchtfeuer wurden nicht von allen gern gesehen. Manchmal sah sich das Blüsenpersonal tätlichen Angriffen ausgesetzt, wie beim Bau der ersten Helgoländer Blüse 1630. Die königlich preußische Regierung sah sich im Zusammenhang mit dem erzwungenen Bau der Borkumer Blüse sogar dazu veranlaßt, den Insulanern streng zu verbieten, „den Feuerturmwärter im geringsten zu behelligen", und diese Tat mit 100 Talern Bußgeld zu bestrafen.

„Weihnachten auf einem Leuchtturm" ist dieser Holzstich nach einer Zeichnung von Thomas Hogan betitelt, erschienen 1876 in „Harper's Weekly". Statt gemütlich zu feiern, muß der Leuchtturmwärter Eis von den Laternenfenstern kratzen.

Die beruflichen Anforderungen an den Leuchtturmwärter änderten sich radikal mit dem Einzug neuer Techniken und Brennstoffe seit dem Beginn des 19. Jahrhunderts. Seitdem kamen auch die Kontrolle der Ölzufuhr – zunächst war es noch Petroleum – und die Pflege der Optiken hinzu. Viele Paragraphen umfassende „Dienst-Instructionen" regelten die Pflichten des Personals bis ins Detail. So heißt es z. B. in den „Instructionen für die Lampenwärter" auf Borkum im Jahre 1831 unter anderem: „Die Flammen dürfen nicht zu groß seyn, damit nicht die Gläser zerspringen ... Während der ganzen Nacht haben die Lampenwärter mit größter Aufmerksamkeit darauf zu sehen, daß die Glasscheiben in der Leucht-Kuppel, so wie die Reflectoren der Lampen, stets gehörig rein gehalten werden, damit nicht, durch angesetzten Schweiß oder Qualm, oder andere Unreinigkeit, der gehörige Effect der Lampen geschwächt werde."

Nach der Einführung der Elektrizität auf den Leuchttürmen kamen eine ganze Reihe von weiteren Anforderungen auf die Turmbesatzungen zu. Nun mußten auch noch Wetterbeobachtungen und Wasserstandsmessungen gemeldet, die Eisverhältnisse sollten registriert und ein Schiffsmeldedienst mußte aufrechterhalten werden. Auch Hilfeersuchen bei Seenotfällen weiterzuleiten und allgemeiner Telegraphen- und Funkdienst gehörten seitdem zu den Pflichten der „Leuchtturmwärter". Aus dem Blüser von einst war ein Techniker geworden.

Doch auch dies ist bereits Vergangenheit. Heute gehen nicht mehr zwei bis vier Mann ihre Wache auf einem Turm. In den letzten drei Jahrzehnten ist die Bedienung der deutschen Leuchttürme völlig umgestellt worden. Sie werden jetzt durch hochqualifiziertes Personal von Zentralen aus ferngesteuert oder laufen automatisch. Falls das System einmal ausfallen sollte, steht im Turm eine Reserveeinheit bereit, damit das Licht, auf das sich Hunderte von Navigationsoffizieren verlassen müssen, nicht erlischt. Den mitunter kauzigen, einsamen Leuchtturmwärter gibt es nur noch in unserer Phantasie.

Mitleidige und dankbare Seelen überreichen eine „Weihnachtsspende für den Leuchtthurmwärter". 1892 erschien dieser Holzstich nach einer Zeichnung von W. H. O. Arend in einer Illustrierten.

Viele Leuchttürme an den deutschen Küsten stehen unter Denkmalschutz, von Bremerhaven über Cuxhaven und Altenbruch bis Travemünde, Warnemünde und Kap Arkona. Die Gründe für die Bemühungen, einzelne Leuchttürme zu erhalten, sind durchaus unterschiedlicher Natur. Fast immer gehen die Anregungen von den Menschen in der Umgebung des jeweiligen Bauwerks aus, für die der Turm schlicht zu ihrer Heimat gehört. Besonders gelungene Architektur wie beim alten Leuchtturm Bremerhaven oder dem Schinkelschen Turm auf Kap Arkona ist ebenso Argument für die Denkmalschutzbehörden wie ehrwürdiges Alter, z. B. das des Turms von Travemünde, des ältesten erhaltenen Leuchtturms in Deutschland. Solche Argumente entfallen jedoch bei Leuchtfeuern wie der „Dicken Berta“, dem Unterfeuer Altenbruch; und dennoch gelang es, diesen den Landschaftscharakter am Deich mitprägenden kleinen Turm unter Schutz zu stellen. Technische Denkmäler sind sie alle, doch zeigt sich, daß die Unterstützung der Bemühungen, sie zu erhalten, wesentlich größer ist als bei anderen Meilensteinen der Technikgeschichte. Es ist also offenbar nicht die Technik allein, die an den Leuchttürmen fasziniert.

Das Zusammenspiel der verschiedenen Argumente, Überlegungen, auch Empfindungen ist besonders deutlich bei der Rettung des Leuchtturms Roter Sand in der Wesermündung zu sehen. Nach einer Veränderung im Fahrwasser in der Nähe des Roten Sandes war bereits in den 1950er Jahren die Errichtung eines neuen Turms an anderer Stelle beschlossen worden. 1964 nahm dann der Leuchtturm Alte Weser seinen Betrieb auf; der ehrwürdige Leuchtturm Roter Sand diente fortan nur noch als Neben- und Quermarkenfeuer. Ferner waren erhebliche Schäden am Caisson-Fundament des Turms festgestellt worden, so daß man damit rechnen mußte, daß eines Tages der ganze Turm ins Meer stürzen und für immer verschwinden würde. Was nun bei anderen technischen Denkmälern – sicher unter großem Bedauern interessierter Kreise – schon öfter geschehen war, daß man sich nämlich im Bewußtsein der Vergänglichkeit alles Geschaffenen mit Abbruch, Verfall oder Zerstörung abfand, ließ man in diesem Falle nicht zu. 1978 faßte die bremische Bürgerschaft einen Beschluß über den Erhalt des Leuchtturms, 1979 wurde er als „kulturgeschichtliches Denkmal von erheblicher Bedeutung“ eingestuft, 1982 gründete die Stadt Bremerhaven einen Rettungsfonds, und 1983 wurde der Förderverein „Rettet den Leuchtturm Roter Sand“ ins Leben gerufen, in dem alle Bemühungen zusammengefaßt wurden. Das führte zu einer Sanierungsaktion, die fast ebenso aufwendig und spektakulär war wie seinerzeit der Bau: Über den Turm wurde eine Manschette gestülpt und rings um den ursprünglichen Caisson eingespült. Nachdem man den Zwischenraum zwischen Stützmanschette und Caisson mit Beton verfüllt hatte, war die Standfestigkeit wieder gesichert. Der eigentliche Turm wird seither mit konventionellen Methoden restauriert und saniert.

In einer technisch aufwendigen Aktion wurde der berühmte Leuchtturm Roter Sand davor bewahrt, ins Meer zu stürzen. Über den zum Kulturdenkmal erhobenen Turm wurde 1987 eine Manschette gestülpt, die dem Unterwasserschaft neue Standfestigkeit verleiht. Dabei war Millimeterarbeit zu leisten – doch das Wagnis gelang.

Die Bemühungen um den Erhalt dieses Denkmals können beispielhaft für vielerlei derartige Bestrebungen stehen. Daß die Rettungsaktion trotz eines sehr großen Aufwands und vieler technischer Schwierigkeiten durchgeführt wurde, lag aber sicherlich auch daran, daß gerade der Leuchtturm Roter Sand weit mehr war als ein bemerkenswertes technisches Bauwerk. Natürlich verwies man schon beim Bau mit berechtigtem Stolz auf das technische Meisterwerk des ersten Leuchtturmbaus im seeschifftiefen Wasser. Ähnlich stolz waren auch die Engländer auf die technischen Pionierleistungen beim Bau der Leuchttürme auf den sturmumtosten Felsenriffen von Bell Rock und Eddystone gewesen. Sehr schnell wurde der neue Leuchtturm Zeichen für ein technologisches Spitzenprodukt der deutschen Schiffahrt und Industrie; man hat ihn neben dem Vierschornstein-Dampfer auf der Drehbrücke in Bremerhaven verewigt oder zur Gestaltungsgrundlage des deutschen Pavillons auf der Weltausstellung in Paris im Jahr 1900 gemacht. Chauvinistische Töne blieben nicht aus, doch wurde der neue Turm auch als Signet in der Werbung verwendet, tausendfach auf Postkarten und Gemälden dargestellt, als letztes Zeichen der Heimat bei der Ausfahrt nach Amerika gemalt, beschrieben, bedichtet. Er wurde für die Deutschen d e r Leuchtturm schlechthin.

Immer schwingt aber, vor allem in künstlerischen Darstellungen, etwas mit, das von wirklichen Leuchttürmen losgelöst ist und das erklärbar macht, warum gerade sie für den Menschen mehr bedeuten als andere technische Bauten. Sie sind diejenigen landfesten Bauwerke, die am weitesten in ein fremdes, oft als drohend oder unheimlich empfundenes Element versetzt sind, einsame, letzte – oder vorderste – Positionen, Symbole der Menschenkraft gegen die Naturgewalt. Für den in der Dunkelheit die Zufahrt zum Heimathafen suchenden Seemann können sie in mehrfacher Hinsicht Leitfeuer sein. Sie verheißen sichere Fahrt und Nähe des Ziels. Die Ambivalenz von hochartifiziellem, aus Leuchtfeuerverzeichnissen und Seekarten ablesbarem navigationstechnischem Hilfsmittel und „dem Licht, das in der Finsternis scheint", macht einen großen Teil des Reizes aus, der Leuchttürmen offenbar eigen ist – für Seefahrer und vielleicht noch mehr für Landratten.

„Das Meer" in naiver Vorstellung Ende des 19. Jahrhunderts: Badeleben und große Schiffe gehören dazu – und natürlich ein Leuchtturm!

Der Farbdruck eines Bildes von H. Eschke, erschienen um 1900 in der Zeitschrift „Moderne Kunst", zeigt den Leuchtturm als Symbol und Bedeutungsträger: Auf einer sturmumtosten Klippe steht dieses „Gebilde aus Menschenhand" und verheißt den Seeleuten Sicherheit und Geborgenheit. „Ein Licht leuchtet in der Finsternis!"

Argand-Lampe Öllampe mit einem 1784 von dem Schweizer Aimé Argand (1755 – 1803) erfundenen Hohldocht als Brenner. Die Lichtverstärkung wurde durch doppelte Luftzufuhr – innen im Docht und in einem Glaszylinder um den Docht herum – erreicht. 1790 kombinierte Argand diesen Brenner mit parabolischen Reflektoren.

Auerscher Glühstrumpf Der österreichische Erfinder Carl Auer von Welsbach (1858 – 1929) nutzte 1885 die Tatsache, daß manche Stoffe in heißer, selbst nicht leuchtender Flamme sehr hell brennen, zur Entwicklung des Glühlichts: Mit seltenen Erden chemisch behandelte Seidenstrümpfe wurden in einer Gasflamme zum Glühen gebracht, wobei sie ein sehr helles weißes Licht erzeugten.

Bake festes Seezeichen mit charakteristischer Form.

Blaugas verflüssigtes Ölgas, erstmals 1907 von dem Augsburger Chemiker Hermann Blau hergestellt.

Blinkfeuer Feuer mit regelmäßig wiederkehrenden Lichterscheinungen als Kennung. Die Pause soll länger sein als der Blink, der mindestens zwei Sekunden scheinen muß.

Blitzfeuer Feuer mit regelmäßig wiederkehrenden Lichterscheinungen als Kennung. Die Pause muß länger sein als der Blitz, der höchstens 0,7 Sekunden dauern darf.

Blüse hölzernes oder steinernes Bauwerk, auf dessen oberer Plattform ein offenes Feuer brennt.

Bogenlampe elektrische Lampe, bei der zwischen zwei Kohlestiften ein sehr heller Lichtbogen erzeugt wird.

Boje siehe **Tonne**

Caisson unten offener, eiserner Kasten, der ins Wasser abgesenkt wird. Das Wasser wird durch Druckluft herausgepreßt, so daß in dem Caisson gearbeitet werden kann.

Drehfeuer Feuer mit sich drehendem Lichtstrahl als Kennung.

Festfeuer Feuer, das von einer Stelle aus gesehen unverändert, ununterbrochen und gleichmäßig erscheint.

Fresnel-Linse, -Optik Gürtellinse mit nur einer Lichtquelle in der Mitte. Durch besondere Anordnung der Prismen werden dabei die Lichtstrahlen parallel zur Horizontalachse der Lichtquelle gebündelt. Die Fresnel-Linse wurde 1820 von dem französischen Physiker Augustin Jean Fresnel (1788 – 1827) erfunden.

Funkelfeuer Feuer mit regelmäßig wiederkehrenden Lichterscheinungen als Kennung, und zwar mindestens regelmäßig 60 pro Minute.

Gürtellinse horizontal ringförmig um eine Lichtquelle angeordnete Prismen. Siehe **Fresnel-Linse.**

Kape besondere Form von **Bake.** Hohes Balkengerüst charakteristischen Aussehens.

Kennung kennzeichnender Verlauf der Lichterscheinung bei Leuchtfeuern, **Festfeuer** oder **Taktfeuer.**

Leitfeuer Einzelfeuer mit verschiedenen Sektoren, z. B. verschiedenen Farben, zur Bezeichnung eines Fahrwassers, einer Hafeneinfahrt oder Ähnlichem. Die Sektoren gliedern sich meist in den weißen Leitsektor und jeweils einen roten und grünen Warnsektor.

Nenntragweite siehe **Tragweite.**

Oberfeuer Teil einer **Richtfeuerlinie.**

Orientierungsfeuer Feuer zur Ortsbestimmung an Bord.

Präzisionssektorfeuer Leitfeuer mit weitreichenden, scharf begrenzten Leit- und Warnsektorstrahlen, die mit einem projektorähnlichen Apparat erzeugt werden.

Quermarkenfeuer Feuer mit Sektoren, die den Übergang von einer Kennung in eine andere anzeigen, meist querab von Kursänderungspunkten.

Repsold-Laterne eine technische Weiterentwicklung der Argand-Lampe durch den Hamburger Mechaniker und Spritzenmeister Johann Georg Repsold (1770 – 1830).

Richtfeuer(linie) zwei oder mehr Feuer zur Bezeichnung einer Linie im Fahrwasser, meist eine Kombination aus zwei hintereinander in unterschiedlicher Höhe **(Ober-** und **Unterfeuer)** angeordneten Feuern, die übereinander stehen müssen, wenn man auf der richtigen Linie fährt.

Scheinwerferoptik Stufenlinse aus einer Mittellinie und ringförmigen Linsen mit gemeinsamem Brennpunkt zum Bündeln des erzeugten Lichts.

Seefeuer festgegründetes Feuer zur Ortung von See aus.

Sektorfeuer Feuer mit je nach Sektoren unterschiedlichen Kennungen.

Taktfeuer Feuer mit kennzeichnendem Rhythmus der Lichterscheinung.

Tonne im Binnenland oft als Boje bezeichnet, schwimmendes Seezeichen zur Markierung von Fahrwassern, Untiefen, Wracks usw. Unterschiedliche Formen und Farben dienen zur Kennzeichnung.

Tragweite größte Entfernung, aus der ein Feuer gesehen werden kann, abhängig von der Lichtstärke des Feuers, der atmosphärischen Lichtdurchlässigkeit und der Beleuchtungsstärke am Beobachtungsort. Die **Nenntragweite** ist definiert als Tragweite bei homogener Atmosphäre und einer (meteorologischen) Sichtweite von zehn Seemeilen.

Wippfeuer Feuer, das durch eine mechanische Vorrichtung regelmäßig auf und nieder bewegt wird.